新时代铸牢中华民族共同体意识研究丛书

王延中　总主编

铸魂之道

中华民族共同体意识的深度解析

ZHU HUN ZHI DAO　ZHONGHUA MINZU GONGTONGTI YISHI DE SHENDU JIEXI

严庆　著

广西民族出版社
Gvangjsih Minzcuz Cuzbanjse

图书在版编目（CIP）数据

铸魂之道：中华民族共同体意识的深度解析 / 严庆著. -- 南宁：广西民族出版社，2025. 6（2026. 1重印）. -- （新时代铸牢中华民族共同体意识研究丛书 / 王延中总主编）.

ISBN 978-7-5363-7893-3

Ⅰ. C955.2

中国国家版本馆CIP数据核字第2025T802Z0号

新时代铸牢中华民族共同体意识研究丛书

王延中　总主编

铸魂之道：中华民族共同体意识的深度解析

严庆　著

出 版 人：石朝雄
项目策划：徐　美　梁　晴
项目统筹：吴柏强
项目协调：韦秀美
责任编辑：陶安宁　张惠琼
装帧设计：何世春
责任校对：黄毅萍
责任印制：梁海彪　莫晓东
出版发行：广西民族出版社
地址：广西南宁市青秀区桂春路3号　　邮编：530028
电话：0771-5523216　　传真：0771-5523225
电子邮箱：bws@gxmzbook.com
印　　刷：广西地质印刷有限公司
规　　格：787毫米×1092毫米　1/16
印　　张：16
字　　数：194千字
版　　次：2025年6月第1版
印　　次：2026年1月第2次印刷
书　　号：ISBN 978-7-5363-7893-3
定　　价：58.00元

总 序

党的十八大以来，中国特色社会主义进入新时代。以习近平同志为核心的党中央从全面建成小康社会，进而推进强国建设、民族复兴的战略高度，将民族工作提升到前所未有的高度，提出中华民族大家庭、中华民族共同体、铸牢中华民族共同体意识、推进中华民族共同体建设等一系列重大论断。铸牢中华民族共同体意识是以习近平同志为核心的党中央审古今之变、察时代之势，从世界百年未有之大变局、中华民族伟大复兴的战略全局和实现民族工作高质量发展的现实需要作出的重大决策。铸牢中华民族共同体意识这一论断经历了从提出到确立再到主线定位的发展历程，在 2021 年中央民族工作会议上，正式形成了习近平总书记关于加强和改进民族工作的重要思想，为新时代党的民族工作高质量发展指明了方向，提供了根本遵循。

新时代铸牢中华民族共同体意识意义重大。首先，是维护各民族根本利益的必然要求。国家统一是国家最高利益所在，是各族人民根本利益所在。中华人民共和国成立以来，我们总体保持了团结稳定的良好局面，但境内外敌对势力的分裂、渗透、破坏活动一刻也没有停止，仍然是影响各民族根本利益的重大挑战。一些思想认识误区和错误观点仍然根深蒂固，极有可能误导各族群众尤其是青少年的国家观、历史观、民族观、文化观、宗教观。只有铸牢中华民族共同体意识，构建起维护国家统一和民族团结的坚固思想长城，才能实现好、维护好、发展好各民族根本利益。其次，是实现中华民族伟大复兴的必然要求。越是接近中华民族伟大复兴，境内外敌对势力越是会在遏制与裂解中华民族上大做文章，妄图阻断中华民族伟大复兴的历史进程。推进经济社会发展是实现中华民族伟大复兴的基础，但经济社会发展并不会自然而然地带来中华民族共同体意识，特别是过去一些强化甚至固化民族差异的措施，滋长了一些人的狭隘民族意识，不利于民族团结和社会和谐。只有铸牢中华民族共同体意识，才能有效应对实现中华民族伟大复兴过程中民族领域可能发生的风险挑战。再次，是巩固和发展平等团结互助和谐的社会主义民族关系的必然要求。我国民族关系的主流是好的，民族团结的基础日益稳固，但也还存在影响民族关系的问题。民族地区发展迈上新台阶，但发展不平衡不充分问题依然存在。只有铸牢中华民族共同体意识，才能夯实我国民族关系发展的思想基础，推动中华民族成为认同度更高、凝聚力更强的命运共同体。最后，是党的民族工作开创新局面的必然要求。新时代党的民族工作取得了巨大成就，但还存在“不匹配、不适应”的问题和短板。只有顺应时代变化，按照增进共同性的方向改进民族工作，做到共同性和差异性辩证统一、民族因素和区域因素有机结合，才能把新时代党的民族工作做好做细做扎实。

铸牢中华民族共同体意识作为新时代党的民族工作的主线和民族地区各项工作的主线，是全党全国的一件大事，也是全党全国各族人民的共同任务。党的二十大明确要以中国式现代化全面推进中华民族伟大复兴。铸牢中华民族共同体意识既是其内在要求，也是其鲜明标识。习近平总书记在 2021 年中央民族工作会议、2023 年二十届中央政治局第九次集体学习和2024年全国民族团结进步表彰大会上的系列重要讲话中，提出了铸牢中华民族共同体意识、推进中华民族共同体建设的重点任务与工作要求，包括全面推进中华民族共有精神家园建设、构建铸牢中华民族共同体意识宣传教育常态化机制、推动各民族共同走向社会主义现代化、促进各民族广泛交往交流交融、提升民族事务治理的法治化水平、防范化解民族领域风险隐患等。特别是在二十届中央政治局第九次集体学习时的讲话中，习近平总书记围绕铸牢中华民族共同体意识，明确提出了加强中华民族共同体理论体系建设和加快形成中国自主的中华民族共同体史料体系、话语体系、理论体系的任务要求。

2019年，党中央提出加强中国特色民族理论研究的意见和要求；2023年，中央统战部、中央宣传部、教育部、国家民委四部门联合印发《关于加强铸牢中华民族共同体意识理论研究体系建设的意见》。理论界紧紧围绕新时代党的民族工作和全国民族团结进步事业的目标任务和实践发展，特别是围绕铸牢中华民族共同体意识的理论与实践，不断开展调查研究，形成和推进了一大批理论研究成果。这些成果在宣传阐释、政策咨询、社会教育、推进实践等方面发挥了越来越重要的作用。

为了更好地推进中华民族共同体理论研究向纵深发展，加快中华民族共同体理论体系建设，在国家民委相关部门的领导和推动下，在广西壮族自治区民族宗教事务委员会的关心和指导下，中国民族理论学会和广西民族出版社经过认真研究，决定集民族理论研究学界之力，编辑出版新时代铸牢中华民族共同体意识研究丛书。编委会在广泛征求意见的基础上，遴选了主题研究成果相对丰富的八位专家作为丛书首批作者。为了集中展现铸牢中华民族共同体意识的研究主题，编委会只选择八位专家已经公开发表的代表性文章，而不是选择其全部成果。同时，为了确保正确的政治导向和较高的研究质量，原则上只收录党的十九大之后发表的重要研究成果。丛书所收录的研究成果均是国内一线专家在多年深入研究的基础上精心打磨而成。他们以深厚的学术功底和敏锐的学术洞察力，精准把握铸牢中华民族共同体意识理论研究的方向和重点。这些成果基本上以时间为序，从不同角度对铸牢中华民族共同体意识的背景、过程和意义等进行多维度探讨，从不同侧面对中华民族共同体的形成与发展进行深入系统的专题分析，是学术理论界推进中华民族共同体理论建设的样本，也是凝聚各位作者心血的创新成果。丛书各册成果相辅相成，构成了一个较为完整的理论框架，为理论研究的深化和理论体系的建设打下了坚实的基础。这些成果作为民族理论研究阶段性工作的一个小结，也为今后的理论研究提供了重要参考。我们希望这套丛书的出版，能够发挥其应有的学术价值和应用价值。

作为丛书的总主编，我谨代表编委会向参与丛书策划、编辑、出版等各方面工作的各位领导和全体同志表示真诚的谢意。当然，实践发展不会停止，我们也深知理论研究总是在实践的基础上不断深化。这套丛书只是一个开端，不论是在选材还是编辑出版等方面，都有可能存在这样那样的不足。期待各位读者提出宝贵意见，使本丛书后续的工作更加完善。

中国社会科学院铸牢中华民族共同体意识
研究基地首席专家、中国民族理论学会会长 王延中

2025 年 4 月

目 录

从文化族类观到国家民族观的嬗变

——兼论“中华民族共同体意识”的理论来源[①]

一、中国传统的儒家族类观

（一）华夷之辨

华夷之辨理念背后是儒家传统思想对天下秩序的安排，“中国”“四方”“畿服”“外藩”等地理空间名词正是在这一政治秩序中产生的。“天下观”诞生于春秋战国时期，而后被儒家学者建构为中国封建王朝国家的意识形态。[②]作为儒学政治思想对政治秩序的设想，“天下观”既是包含了“四海”“五方”“九州”等地理空间意义上的世界观，又是糅合“畿服”“大一统”“夷夏之辨”等政治理念上的国家观。同时，“天下观”的内容也随着人类认识的进步和时代发展的需求而不断变化。赵汀阳认为天下有着三层内涵，即

① 本文原发表于《贵州民族研究》2017 年第 4 期。第一作者平维彬为中央民族大学中国民族理论与民族政策研究院民族政治学专业博士研究生。

② 吕文利：《中国古代天下观的意识形态建构及其制度实践》，《中国边疆史地研究》2013 年第 3 期，第 1—11 页。

地理学意义上的土地、社会心理学意义上的民心和政治学意义上的制度[①]“三位一体”的政治结构。华夷之辨便是生发在“天下观”之下的，以文化、礼俗、疆域和制度理念的差异来区分不同族类集团的族类思想。

华夷之辨又称为夷夏之辨，用来区分华夏和其他族类。夏朝作为中国历史上第一个在中原地区建立的国家政权，它既是以一个国家政权的面目出现，同时也标志着一个民族共同体的形成。[②]夏族的名称随夏朝建立而产生，“华”则是形容夏族服饰文化的特点，在与外族不断地交往过程中，“华夏族”的名称得以产生。由于华夏族当时是经济文化最发达、力量最强大的集团，认为自己处于天下之中，故称自己的国家为“中国”。“中国”的概念生发了对天下秩序的思考，在此基础上产生了“四海”“五方”“九州”等地理名词。那些居住在夏族周边，在文化、服饰、饮食等方面不同于夏族的其他民族集团被称为四方的“夷人”，即“东夷、西戎、南蛮、北狄”。秦汉之后，又以夷夏之间经济和文化方面的巨大差异，夷夏殊异的民族观进一步得到强化。但是，夷夏之别也并非绝对的，而是在一定条件下可以转化。所以，在“华夷之辨”思想基础上产生了“用夏变夷”和“华夷一统”思想，即用中原地区先进的华夏（汉）文化来改造周边发展较为落后的族类群体，历史上“北魏孝文帝改革”和“大辽萧太后改革”就是实践上述思想的典型案例。

---

① 赵汀阳：《天下的当代性：世界秩序的实践与想象》，中信出版社，2016，第 60—62 页。

② 彭建英：《论我国古代民族观的演变》，《西北民族学院学报》（哲学社会科学版.汉文）1996 年第 3 期，第 56—62 页。

（二）华夷一统

儒家的“大一统”理念表现在族类观方面，即“华夷一统”。“大一统”理念生发于礼崩乐坏的春秋战国时期，是包含了政治、社会、礼俗等要素的中国古代政治思想体系。战国之后，秦汉一统天下，国家疆域不断扩展，治下族类逐渐增多。西汉时期，董仲舒吸收阴阳学、法家、墨家等学派的思想改造儒学，提出“天命观”和“大一统”。“大一统”理念在中国延续了两千多年的历史，成就了中国封建社会最显著的特点——“超稳定结构”[①]，表现在儒家文化圈中族类关系的处理上，就是王朝统治者所宣扬的“华夷一统”。

“华夷一统”理念既承认华夷之别，同时也强调华夏与诸夷、内地与边疆之间的不可分割性。秦汉首次实现“大一统”，始皇帝嬴政统一文字、货币、度量衡，南征百越、北击匈奴，修灵渠、建驰道，进一步加强统治疆域内各地区、各民族之间的经济文化联系。隋唐经过魏晋南北朝的大分裂、大动荡，民族交往交流交融的趋势进一步加强。所以，唐太宗说“自古皆贵中华，贱夷狄，朕独爱之如一”，这正反映了隋唐时期“华夷同重”的思想。及至宋、辽、金时期，出现了南北分立政权的“正统之争”，但此时的“正统之争”依旧是在“天下观”和“大一统”的体系内争立正统。元朝疆域空前扩大，在地方设立行省，中央设置宣政院，并提出“天下一家”思想。明朝提出的“天下一统，华夷一家”以及清朝的“君主专制大一统”，都将“华夷一统”的族类观作为处理域内民族关系的指导思想。

---

① 陈理：《“大一统”理念中的政治与文化逻辑》，《中央民族大学学报》（哲学社会科学版）2008 年第 2 期，第 5—11 页。

（三）儒家族类观的实质

中国古代王朝国家时期的族类观实质上是一种糅合了礼俗、血缘、地域等要素的文化族类观。随着中国王朝时代统治疆域的不断扩大，治下族类不断增多，各族之间文化交流、社会通婚、经济往来日益频繁，族类关系逐渐超越了非此即彼的简单对应。先秦时期，传统的夷夏观已经形成，这一时期不同族类多是以“礼”为区分标准，合乎礼者则为中国之华夏，不符者则为四方之“夷”“戎”“蛮”“狄”。郝时远认为，先秦中国以教来教化天下，有教则无族类之分。[①] 秦汉以来，“大一统”格局逐渐形成，在统一的王朝体系下，族类群体在族际接触的过程中，先进的华夏（汉）文化的涵化功能日益显现，这也是费孝通先生所言汉族“滚雪球式”发展融汇的力量之源。

李大龙认为，“以文化区分族群是中国王朝国家族类观的主要内容”。[②] 金耀基认为，“中国是一个以文化而非种族为华夷区别的独立发展的政治文化体，或者称之为‘文明体国家’（civilization-state）”。[③] 以中国这个古代文明体国家为中心的政治秩序建立在儒家思想基础之上，族类关系作为政治秩序设置的主要考虑因素，也在这一思想高屋建瓴式的指导之下统筹进了封建王朝体系的政治秩序安排。清末民初，这种以儒家思想为基础建立起来的政治秩序遭到西方殖民体系从边缘向中心的步步蚕食，传统的“天下”体

---

① 郝时远：《先秦文献中的“族”与“族类”观》，《民族研究》2004年第2期，第36—46页。

② 李大龙：《从“天下”到“中国”：多民族国家疆域理论解构》，人民出版社，2015，第309页。

③ 金耀基：《中国政治与文化》，牛津大学出版社，1997，第177页。

系在西方民族主义思潮冲击下开始崩塌，以儒家文明为内核的文化族类观也开始向支撑现代民族国家建构的理论基础——“国家民族观”转变。以“大一统”理念为精神内核的文化族类观在中央集权“大一统”的政治规约下进一步强调天下一统、多民族统一于“大一统”政权的观点，这是中国区别于西方民族主义建国初期帝国分崩离析的文化根基，也是中国这个统一的多民族王朝向现代民族国家转变的过程中没有发生裂变的凝聚性文化根源。

二、西方民族主义的本土化

（一）中华民族观的诞生

“中华民族”概念的诞生，标志着区别于中国王朝时期和西方民族国家的“中华民族观”开始形成，并逐步成为中国这一疆域辽阔的多民族王朝向现代民族国家转变的思想基础。1902 年，梁启超在《论中国学术思想变迁之大势》一书中首次将“中华”和“民族”两个词合而为一，提出了“中华民族”的概念。在提出“中华民族”概念时，梁启超并没有对这一概念的具体内涵做详细的阐释，碍于对“中华”和“民族”两个概念理解的局限性，这时他所指称的“中华民族”还只是由华夏族发展而来的汉族。之后，梁启超对这一概念进行了深度的挖掘，进一步阐述了“中华民族”与历史上“诸夏”“诸夷狄”的关系，并明确提出“中华民族自始即是多元的结合，又在漫长的历史长河中不断地融汇化合，逐步混‘成为数千年来不可磨灭之一大民族’”。[①] 他明确指出，中华民族

① 梁启超：《中国历史上民族之研究》，载《饮冰室合集》第 8 册，中华书局，1989，第 82 页。

沿着“多元结合”“诸夏一体”的途径历经几千年的发展，融合成为坚强稳固的世界第一大民族。① 这一观点对后来费孝通先生提出“中华民族多元一体格局”理论有着深刻的启示意义。

早期中华民族观的形成和传播多是以费正清式的“冲击—回应”理论（impact-response approach）为基本范式。清末民初，殖民主义荼毒日益严重，传统的天下体系在殖民者强制的秩序安排下崩塌殆尽，西方殖民者为了更好地控制东方这一“庞然大物”，妄图将这个文明体国家肢解成“印度式”的诸多邦国。杨度在《金铁主义说》中写道：“中国之在今日世界汉、满、蒙、回、藏之土地，不可失其一部，汉、满、蒙、回、藏之人民，不可失其一种……但可合五为一，而不可分一为五。”② 他提出的“五族合一”思想不仅强调了中华民族的整体性，同时也强调了中华民族各组成部分的不可分割性，初步具备了近代中华民族观的基本内涵。“五族合一”思想是对中国古代文化族类观的继承与发展，其思想中所蕴含的民族主义成分可能其本人也未曾觉察，但文化族类观向国家民族观的嬗变已经顺势开始。

（二）从“驱除鞑虏”到“国族建构”

早期资产阶级革命派在清王朝体系崩解的过程中，提出“驱除鞑虏，恢复中华”的革命主张以唤起革命群众的民族情绪，但旧有的封建王朝体系崩解之后，才发现这种狭隘的“排满”论并非对现代民族思想的理性解释。革命时期歇斯底里式的“排满主张”，明显地带有大汉族主义的鼓动色彩，随着清王朝的覆灭，这一狭

① 陈其泰：《20 世纪初民族观的历史演进——兼论历史文化认同在中国近代的发展》，《北京师范大学学报》（社会科学版）2006 年第 5 期，第 78—85 页。

② 左玉河编《中国近代思想家文库：杨度卷》，中国人民大学出版社，2015，第 133 页。

隘的“排满”思潮也一同退出了历史舞台。革命派领袖孙中山在游历了诸多欧美国家之后，接受了西方现代民族国家建构（nation-building）的基本路径和支撑现代民族国家建构的民族主义思想。早期民族国家的建构多是沿着“民族—国家—国族”的路线进行，即对“一个民族、一个国家”的民族主义思想的具体实践。而当这一思潮延伸到中国这样的多民族国家，其路线不得不变成“多民族—国家—国族（含多民族成份）”，要建立多民族的现代民族国家，不得不对国内的各民族进行整合，即形成国家民族（nationality）层面的国族。

辛亥革命成功后，旧有的封建政治秩序逐渐被打破，中国开始徘徊于儒家传统思想和民族主义思想之间痛苦地挣扎，其间虽不乏“袁世凯登基”和“张勋复辟”的闹剧，但中国的发展大势已趋向建构现代民族国家，且无法扭转。1912 年，孙中山在《临时大总统宣言书》中提出“五族共和”“五族一家”理念，他认为“国家之本，在于人民。合汉、满、蒙、回、藏诸地为一国，即合汉、满、蒙、回、藏诸族为一人。是曰民族之统一”。[①] 这一时期，“五族共和”成为民族主义的核心内容，然而这一思想在军阀混战的政治环境中无法达到族际整合的政治目的，并且中国除上述五个民族之外，还有诸如哈萨克、彝、苗、瑶等其他民族的存在，这里所指称的“五族”无法代表中国所有的民族。在考察分析了欧美诸多民族国家之后，孙中山在中国开始提倡类似于美利坚现代民族国家建构的“民族熔炉论”。他主张汉与“满、蒙、回、藏之人民相见

① 中国社会科学院近代史研究所中华民国史研究室等合编《孙中山全集》第二卷，中华书局，1982，第 2 页。

于诚，合为一炉而冶之，以成一中华民族之新主义”。[1]孙中山此时的中华民族观实质上是以同化为理论基础，以汉族为核心熔冶其他民族的一元一体的“中华民族”观，这是一种“扩大化了的大汉族主义的民族观”。[2]蒋介石则进一步将这种中华民族观沿着“家族—宗族—国族”的发展模式，由宗族主义扩充为国族主义，即由“宗族观”取代了“民族观”。蒋介石在其书中强调，各宗族的融合是对抗外敌侵略的唯一有效途径。国民党只承认中华民族作为“国族”的存在，而否定国内各个民族的存在，既忽视了国内各民族之间的文化差异性，也不能体现国内各民族不同的利益诉求，势必无法有效地将各族群众整合进统一的政治体系内。

（三）抗日战争时期中华民族观的辩论

日本侵华战争爆发之后，中国的政治形势急转直下，日本帝国主义既从政治实践层面扶植伪满洲国傀儡政权，鼓吹华北五省自治，又从政治理论层面炮制了“满蒙非中国论”，企图肢解中国。面对日益严重的民族危机，中国学界志士以中国的历史、文化和现实国情为基础，对“满蒙非中国论”进行了驳斥。以顾颉刚为代表的中国学者提出“中华民族是一个”的观点，这一观点得到傅斯年、白寿彝、张维华等人的支持。顾颉刚认为：凡是中国人都是中华民族——在中华民族之内我们绝不该再析出什么民族。傅斯年认为：我们中华民族，说一种话，写一种字，据同一的文化，行同一的伦理，俨然是一个家族……“中华民族是整个的”一句话，是历

---

① 郑大华：《论晚年孙中山“中华民族”观的演变及其影响》，《民族研究》2014 年第 2 期，第 61—73 页。

② 同①。

史的事实，更是现实的事实。[①] 顾颉刚和傅斯年等人的观点强调了中华民族的整体性，在抗日救亡的社会环境下，有助于增强国民凝聚力和民族自信心，起到内向凝聚的社会效应，符合当时国家和民族的整体利益。但从学理上来讲这一主张却并非十分科学，以费孝通为代表的学者对这一理论提出了质疑，他认为从文化、语言、体质等各方面来讲，中华民族都是多元的。

费孝通从民族学和人类学的分析角度出发，提出中华民族是多元的论断。他指出，文化、语言、体质可以是人口分类的标准，也可以是社会分化的标志。中华民族的多样性是基于历史、文化、地理、体质等多方面的因素形成的，中国人民不仅在文化和体质方面存在着很大的差异，在社会发展状态上也存在着诸多分歧。为了谋求国内的政治统一，而忽视其他民族（不同的文化、语言、体质团体）的存在，是一种主观臆断且不科学的做法。费孝通也清楚宣传“中华民族是一个”是为了反击帝国主义假借“民族自觉”分化中国的图谋，团结国内人民一致抗日。他认为，防止敌人的分化不是主观地消弭民族（不同的文化、语言、体质团体）间的分歧，而是要健全自己的组织，使国内各文化、语言、体质团体都能够享受到平等的权利，这样大家才能在统一的政治体系中获得切身利益，进而维护整个政治体系。

西方民族主义思潮在中国的本土化过程，也是中国封建帝制崩溃之后，政治制度和秩序重建的探索过程。这一过程既包括梁启超“虚君共和”的制度设想，也包括孙中山“民主共和”的思想主张，

---

① 周文玖、张锦鹏：《关于“中华民族是一个”学术论辩的考察》，《民族研究》2007年第3期，第20—30页。

同时也包括中国共产党早期“民族自决”以及之后“民族区域自治”的理论设想。西方“民族”（nation）概念中所蕴含的“人民权力”思想，成为中国人民反对封建主义、殖民主义和官僚资本主义的重要理论武器，并逐步演化为中国语境中“56个民族构成的人民的权力”。及至新中国成立后，西方话语体系的“民族”逐渐成为中国语境中的“汉族与五十五个少数民族”，作为有着两千多年“大一统”历史传统的多民族国家，这种转变内在体现了族类群体承认与政治权利享有的政治价值意涵。

三、马克思主义民族理论

（一）从“民族自决”到“民族区域自治”

抗日战争期间，中国共产党在进行“中华民族到了最危险的时候”的政治动员时，已经潜意识地将中华各民族纳入中华民族的整体之下，暂且摒弃汉族、满族、蒙古族等民族身份之分，依靠共同的历史、文化和政治使命将中国各族群众动员起来，整合成更高层次的中华民族，达到一致抗日的政治目的。在解决中华民族和中国各民族之间的认同张力时，“民族区域自治”思想渐趋发展成熟，逐渐从意识层面的理论构想变为制度层面的政治实践。“历史使民族和民族国家殊途同归……‘自治’正在成为越来越多的民族和越来越多的民主的历史选择。”[①] 创立之初的中国共产党，由于缺乏民族方面的理论知识和实践经验，其民族观多受到苏联民族思想的影响，主张采用“民族自决”的方式解决国内民族问题。在经过第

① 李红杰：《由自决到自治——当代多民族国家的民主政治经验教训》，中央民族大学出版社，2009，第265页。

一次国民革命、第二次国民革命、长征和抗日战争的淬炼之后，中国共产党逐渐实现了由“民族自决”向“民族区域自治”的理论转变。

创立之初的中国共产党由于缺乏民族方面的理论知识和实践经验，在解决民族问题时多照搬苏联经验，主张采用“民族自决”和“联邦制”的模式来解决中国的民族问题。但是，随着中国共产党在理论和实践方面的不断成熟，逐步发现这两种制度安排并不完全符合中国的国情。在处理西北蒙古族、回族政治动员的问题时，逐渐发现“民族区域自治”不仅能够解决政治动员的革命需要，而且克服了国民党民族理论否认其他民族存在的弊端。1937年，在《中国共产党抗日救国十大纲领》中，中国共产党提出：“动员蒙民回民及其他一切少数民族，在民族自决和民族自治的原则下，共同抗日。”[①]1938年以后，民族自决的主张逐渐被民族自治思想取代，民族区域自治作为中国共产党解决民族问题的民族理论应运而生。1941年，中国共产党明确指出，“依据民族平等原则，实行蒙、回民族与汉族在政治、经济、文化上的平等权利，建立蒙、回民族的自治区”。1947年，在民族区域自治理论的指导下，建立了中国第一个省级民族自治地方——内蒙古自治区，实现了民族区域自治从“理论”到“实践”的飞跃。

（二）中华民族多元一体理论

新中国成立以后，中华民族作为国家层面上的民族（nationality），实现了中华民族和国家的统一。[②]革命时期的政治动员趋于理性，

① 中共中央统战部编《民族问题文献汇编》，中共中央党校出版社，1991，第650页。

② 周平：《中华民族：中华现代国家的基石》，《政治学研究》2015年第4期，第19—30页。

在单一制的国家结构中，民族区域自治制度成为新中国处理民族关系的政治制度基石，并在意识层面上摒弃了“中国本部”和“边疆外藩”传统观念的束缚，给予少数民族平等权和自治权。随着民族识别工作的落实和少数民族意识的增强，中国各少数民族与中华民族之间的张力再次凸显出来，为了解决由“民族”词义上的差别所带来的理解混乱的问题，费孝通先生提出了“中华民族多元一体格局”理论。他认为：“中华民族作为一个自觉的民族实体，是在近百年来中国和西方列强对抗中出现的，但作为一个自在的民族实体则是几千年的历史过程所形成的。”[①] 费孝通先生从中华民族五千年的发展历史中展开论述，回答了“中华民族的含义、中华民族的起源、中华民族‘自在实体’和‘自觉实体’、多元和一体的辩证运动”[②] 等问题。

为了更好地解释这一自觉的民族共同体的形成历程，费孝通指出：中华民族多元一体格局的形成过程，“它的主流是由许许多多分散孤立存在的民族单位，经过接触、混杂、联结和融合，同时也有分裂和消亡，形成一个你来我去、我来你去，我中有你、你中有我，而又各具个性的多元统一体”。[③] 在这里，费孝通强调的“多元”是“在中华民族统一体内部的多元，是构成中华民族五十多个民族单元的多元，是中华文化起源的多元”；“一体”则是五十多个民族单元共同构成的统一体，是在联合反抗帝国主义侵略的过程中觉醒的政治共同体，而并非消融了民族个性追求同质的“一体化”。

① 费孝通主编《中华民族多元一体格局》，中央民族大学出版社，2018，第 17 页。

② 陈连开：《关于中华民族结构的学术新体系——中华民族多元一体格局理论的评述》，《民族研究》1992 年第 6 期，第 21—27 页。

③ 同①。

著名民族学家宋蜀华先生对此评价道，中华民族多元一体理论是“认识中华民族整体结构的一把钥匙”[①]。费孝通先生的这一论断，既符合我国多民族发展的基本历史，又符合中华民族共同体的本质特征；不仅解决了学术界关于“中华民族观”的困扰，而且在政治实践中有利于多民族国家的统一和国内各民族的团结。

（三）中华民族共同体意识

2014年9月，习近平总书记在中央民族工作会议上指出：“加强中华民族大团结，长远和根本的是增强文化认同，建设各民族共有精神家园，积极培养中华民族共同体意识。”[②]由此，“中华民族共同体”成为国内学术界的讨论热点，有关“中华民族共同体”概念内涵、建构路径的文章层出不穷。从“中华民族”到“中华民族共同体”，这不单单是词汇上的简单变化，更标志着国内民族理念和民族工作部署的转型。中华民族共同体是在几千年的中华文明发展史中形成的，相互依存、统一而不可分割的政治和命运共同体。

在对中华民族共同体进行建构和发展的维度上，中华民族共同体既有历史和文化层面的精神文明意涵，又包括了经济和社会层面的物质文明价值。朱碧波认为，中华民族形成与演变的悠久历史为当代中华民族共同体的建构奠定了深厚的时空基础，在多元一体的格局中，要从历史、政治、经济、文化、社会等多重维度进行建构。[③]杨鹍飞则强调了中华民族之“实”，明晰了共同体内部各民族

---

① 宋蜀华：《认识中华民族构成的一把钥匙——〈中华民族多元一体格局〉读后》，《中央民族大学学报》（哲学社会科学版）2000年第3期，第25—26页。

②《中央民族工作会议暨国务院第六次全国民族团结进步表彰大会在北京举行》，《人民日报》2014年9月30日，第1版。

③ 朱碧波：《论中华民族共同体的多维建构》，《青海民族大学学报》（社会科学版）2016年第1期，第26—32页。

与国家之间的关系，并以中华民族共同体认同为逻辑前提，整合国内的民族认同与国家认同。[①]结合政党认同、文化接触、社区互嵌和经济互助的理论多角度分析中华民族共同体建设的理论价值和实践意义。

四、结语

在多民族国家建构和国内多民族政治整合的层面，中华民族共同体建设不仅超越了西方“民族—国家”建构的理论范式，也超越了中国历史上“天下—国家”的文明体系建构模式。从“异域”到“旧疆”，从“离散”到“整合”，在“大一统”的中国政治思想体系中，中华民族不是“想象的共同体”，而是具有共同历史记忆、共同发展基础和共同前途命运的民族实体。中华民族共同体脱胎于历史悠久的传统王朝，型塑于近现代的革命和建设进程，是中国特色多民族国家建设理论的重要概念和范畴。[②]从“中华民族”到“中华民族共同体”的概念演变，更凸显了“共同”的价值意涵——“共同的历史记忆、共同的精神文化、共同的责任使命、共同的前途命运”。经济社会的共同进步和历史文化的一脉相连，都将成为中华民族共同体建设的重要政治资源，共同推动多民族国家的政治整合和多民族社会的协调发展。

---

① 杨鹍飞：《中华民族共同体认同的理论与实践》，《新疆师范大学学报》（哲学社会科学版）2016 年第 1 期，第 83—94 页。

② 严庆：《本体与意识视角的中华民族共同体建设》，《西南民族大学学报》（人文社会科学版）2017 年第 3 期，第 46—50 页。

"大一统"与中华民族共同体意识的形成[①]

"大一统"是历史上政治精英治辖天下的理念、制度与实践，从历史传统看，"大一统"始终是中华各民族的价值追求和最高目标，无论哪个民族入主中原，都以实现统一为己任，都把自己建立的王朝视为中华正统，统一是中国历史的主流，分裂从来不得人心。[②]当下，我国已经进入中国特色社会主义新时代，正在践行铸牢中华民族共同体意识的多民族国家建设任务。创设中国特色多民族国家建设的理路，离不开对中国传统政治思想文化的承继。"只有回看走过的路、比较别人的路、远眺前行的路，弄清楚我们从哪儿来、往哪儿去，很多问题才能看得深、把得准。"[③]回溯"大一

---

①本文系研究阐释党的十九大精神国家社会科学基金专项课题"中华民族共同体意识研究"（项目编号：18VSJ092）、中央民族大学十九大精神研究专项课题"新时代中国特色民族理论中的几个关键概念研究"的阶段性成果。本文原发表于《西南民族大学学报》（人文社会科学版）2018年第5期。第二作者平维彬为中央民族大学中国民族理论与民族政策研究院民族政治学专业博士研究生。

②国家民族事务委员会编《中央民族工作会议精神学习辅导读本》，民族出版社，2015，第37页。

③《以时不我待只争朝夕的精神投入工作 开创新时代中国特色社会主义事业新局面》，《人民日报》2018年1月6日，第1版。

统”的丰富内涵，研读“大一统”的价值，有助于深刻理解中华民族共同体的过去和未来。

一、“大一统”及其近代蜕变

中国大一统是个长期准备的过程，不是怀胎十月，而是怀胎两千年。[①]

（一）“大一统”及其内涵

“大一统”一词最早出现在战国时代的《春秋公羊传》中，那时提出的“大一统”包含三个层面的内容，即以“尊王”为核心的政治一统、“内华夏”为宗旨的民族一统和“崇礼”为中心的文化一统。[②]“大一统”理念的诞生深受春秋战国时期诸子百家思想的影响。老子曰“道生一，一生二，二生三，三生万物”（《道德经》第四十二章）；《论语》里有“四海之内皆兄弟也”（《论语·颜渊》）；孟子曰天下“定于一”（《孟子·梁惠王章句上》）。这些都是先秦时期“大一统”思想的滋养来源，是当时的思想者对于天下格局如何设定的考量。春秋战国之后，秦汉一统天下，国家统治的疆域不断扩展，继秦朝统一文字、货币、交通、度量衡之后，应声于王朝国家政治发展的需要，董仲舒吸收“兵、法、道”等流派的思想将儒学思想正统化，提出“大一统”思想并付诸制度“大一统”、学术“大一统”、宗教“大一统”。[③] 自汉以降，“大一统”一方面积淀为富含智慧的政治理念，一方面转化为秉持兼容并包精神的

---

① 李零：《茫茫禹迹——中国的两次大一统》，生活·读书·新知三联书店，2016，第 12 页。

② 马卫东：《大一统源于西周封建说》，《文史哲》2013 年第 4 期，第 118 页。

③ 同①，第 62 页。

政治格局，并逐渐成为历代王朝统治者的最高政治追求。可以说，"大一统"既是缘起于中国古代的天下观（世界观），也是构设人际关系的人伦观，还是治理天下的权御观。它强调的是人与自然的一体、社会的一体和政治的一体，这无疑与当下的中华民族共同体建设主张具有源与流的联系。

（二）多维视角的"大一统"

"大一统"是什么？它既是一种贯穿于中国王朝历史的政治哲学，也是一个经久不衰的政治治理实践历程，认知思维和实践行动之间长期互相促进、互相蓄力，将"大一统"型塑、积淀为一种传统。这一传统从政治原则和政治行为的层面体现为政体统一、政策聚一、政治集一。政体，关乎政治共同体的制度性结构，政体统一对应于"三公九卿制""三省六部制""郡县制"等制度构成的唯一性的政治系统；政策，检查政治的具体规划如何塑造社会环境，政策聚一对应于"五服制""因俗而治"等治辖之策、统合之术；政治，涉及由于权力分享和权力设置而产生的政治冲突过程，政治集一对应于历代王朝一系列的平叛和精英吸纳安排。"大一统"由此构成了从外到内的"向中看齐"与自下而上的"向上集中"，一个权威衍生出稳定的秩序，国家治理的内聚力、稳定性由此而生。

作为一种制度、一种治辖，"大一统"维系了王朝时代的相对稳定性，降低了内在动荡风险，"大一统"又因而呈现为社会运行的一种格局、一种态势。制度、治辖、格局、态势是历史发展中的社会事实，反映这一事实的思维便成为相应的认知和思想，经过提炼与传承，"大一统"逐步成为具有持久、普遍规约力的秩序伦理和政治思想。完善、缜密的"大一统"制度使得"大一统"的政治理念具有现实操作的可能，同时也使中国境内各民族视统一为正常状态、分裂为非常状态，并成为一种共同的心理认知。在经历了罢黜百家、独尊儒术的“学术大一统”后，“大一统”被确立为一种至高无上的政治追求，这就将其上升到了政治哲学的高度。①

“大一统”思想是中国传统政治哲学中意涵最丰富的部分，也是对“家国同构”的古代政治格局影响最深刻的政治思想。何星亮认为，中国传统的“大一统”理念主要表现在四个方面，即“大一统”的地理观、“大一统”的政治观、“大一统”的思想观以及“大一统”的民族观。② 在中国古代政治的发展史上，“大一统”理念深刻影响着中国人的“文化心理结构”，持久地贯穿于古代政治发展历程并支撑着具有“超稳定结构”③ 的中国社会。中华民族长期的自在过程，离不开“大一统”思想的长期规约与维系。

（三）“大一统”的近代转型

秦、汉、隋、唐四个“大一统”的国家政权，两次统一中国，前后存在700余年，推行“大一统”的制度和法规，这在公元第一个千年中，是世界历史上绝无仅有的。④ 元、清两代的“大一统”，则为全国南北、东西的经济社会沟通与联结创造了重要条件。但鸦片战争之后，中国遭逢“数千年未有之大变局”，几度面临亡国灭种的危机。“大一统”的政治社会格局受到前所未有的挑战，“大一

---

① 常安：《统一多民族国家的宪制变迁》，中国民主法制出版社，2015，第21页。

② 何星亮：《“大一统”理念与中国少数民族》，《云南社会科学》2011年第5期，第91—96页。

③ 陈理：《“大一统”理念中的政治与文化逻辑》，《中央民族大学学报》（哲学社会科学版）2008年第2期，第5—11页。

④ 伍雄武：《中华民族的形成与凝聚新论》，云南人民出版社、云南大学出版社，2015，第57页。

统”思想开始转型发力，由王朝政治时期的中央集权、天下意识，向现代国家的民主集中、民族国家转型——专断的王权开始演化为民主的民权，模糊边陲也开始清晰化为边疆。

在被动的转型过程中，中国在极具“扩张性”的西方文明冲击下依然保持着国家和民族的统一，其中“大一统”思想对多民族国家的建构发挥了关键性作用。[①]此时的“大一统”思想以强调国家一体为基础，在“兼容并包”的东方精神里糅合“民主共和”的西式原则。在中国两千多年的传统社会里，“大一统”维系的是天下国家（与西方民族国家相对应），或者说天下国家之魂脉就是“大一统”。一个天下国家，只要文明的魂魄不散，即使国家体无完肤，也会重建起来，破镜重圆。[②]

诚然，从阶级分析的角度看，历史上的大一统政权性质是封建专制的，权力垄断于统治阶级。但从政治理念、政治技术的角度看，它却成熟地内聚起复杂多元的社会，保全了相对辽阔的疆域，并成为新国体转型之后国家持续发展的家底与财富。

二、中华民族共同体意识形成的历史进程

中华民族共同体意识，从本质上讲是多民族国家建设所要依托的国民认同，这一认同的历史合法性源头之一便是“大一统”及其所含蓄的包容精神。伴随着历史的前行，中华民族共同体意识经历了从王朝国家场域中的“华夷一统观”向近代民族国家场域中的

---

① 李元晖、李大龙：《“大一统”思想的形成与实践——多民族国家中国疆域的形成和发展》，《西北民族大学学报》（哲学社会科学版）2016 年第 1 期，第 42—50 页。

② 吴稼祥：《公天下：多中心治理与双主体法权》，广西师范大学出版社，2013，第 41—42 页。

“中华民族观”，继而向新时代和全球化场域中的“中华民族共同体意识”的转型与跃升。

（一）王朝国家场域中的“华夷一统观”

多维的“大一统”思想表现在中国古代民族关系观念方面，即“华夷一统观”。“华夷一统观”包含了承认文化差异、讲求和而不同等理念，同时也强调汉族与少数民族、内地和边疆的整体性和不可分割性。“华夷一统观”作为臣民关系的“大一统”，同样萌芽于先秦时期，它强调天下共主，按“礼”分群的文化族类观。尽管这种文化观存在一定的文化歧视色彩，但其历史局限性是由当时的社会发展水平决定的。

中国古代的治辖理念与族类观包含着悖论性的两个方面：一是以王朝气魄包容异族的天下意识，二是以中原民族傲视周边的夷夏之辨。[①] 但是，当王朝国家的“大一统”政治局面开创之后，“华夷一统”则成为民族事务治理层面的必然选择。中国古代的“华夷一统观”形成于同心圆式的天下体系认知结构内，其划分族类群体的标准是具有弹性的“礼制”，这截然不同于现代国家对“民族”的硬性区分。

继西周以封建方式一统当时的区域天下之后，秦朝建立了中国王朝历史上第一个“大一统”性质的国家。西汉将儒学发展成以“大一统”思想为内核的新儒学，并使之成为古代王朝政治的思想圭臬。魏晋南北朝既是政治上分裂与动荡的时期，也是各族类群体互动与交流的时期。这一时期强化了“华夷一体”的整体性，并为

---

① 许纪霖：《天下主义/夷夏之辨及其在近代的变异》，《华东师范大学学报》（哲学社会科学版）2012年第6期，第66—75页。

大唐盛世的到来奠定了社会基础。

晚唐之后，王朝政治再次陷入分裂与动荡的乱局，但“大一统”理念依然深刻影响着各分立政权统治者的政治思想。及至元朝再次实现中国域内的“大一统”，元世祖忽必烈根据汉文经典《周易》中的“大哉乾元”，建国号“大元”并提出“天下一家”的思想。明、清统治者在处理民族关系时也都坚持“华夷一统观”，尤其是有清一代将“合中外为一家”的“大一统”思想与“改土归流”“推行府县制”等“因俗而治”的具体举措相结合，加强了中央与边疆的统合，实现了更高程度的“大一统”。

“华夷一统观”是中华文明“自天下”时代包容文化差异的臣民观。“华夷一统观”不仅为王朝治权的收放有度、刚柔相济提供了族类心理包容基础，也为王朝国家中心与边缘的权力张弛和整合提供了政治认同基础。在古代交通、通信等技术落后的条件下，这对中央王朝有效治理辽阔疆域至关紧要。

（二）近代民族国家场域中的“中华民族观”

近代中国的衰落，导致“大一统”王朝时代的终结。西方殖民者在打破传统的东亚秩序之后，企图依照自身的模本建构东方的“威斯特伐利亚”体系，将中国历史上的族类群体分别主权化，用以肢解这一具有数千年历史传统的古老文明体国家。

在内外多重反动势力的联合压迫下，民族资产阶级知识分子开始觉醒，他们开始对中国传统文化进行批判性反思，同时接受西学有益思想的滋养。梁启超首次提出了“中华民族”的概念，继而又作《中国历史上民族之研究》一文，对“中华民族”的形成历程进行了初步探索，他认为“中华民族自始即是多元的结合，又在漫长的历史长河中不断地融汇化合，逐步混‘成为数千年来不可磨灭之一大民族'"。[1]杨度也是"中华民族"一词的早期使用者，他在列强阴谋瓜分和肢解中国的危机下进一步提出了"合五族为一家"的理念。[2]继该理念之后，孙中山提出了"五族共和"的主张。孙中山的"中华民族观"大致经历了由革命时期的"排满论"，到辛亥革命胜利之后的"五族共和论"，再到晚年"国族建构论"的转变历程。无论是革命时期"驱除鞑虏，恢复中华"的革命号召，还是革命胜利之后"五族共和、五族一家"的建设理念，甚或晚年几经革命失败而提出的"国族建构论"，都是中国特殊历史时期的特殊产物，体现了资产阶级革命党人对"中华民族观"的不懈思考与探索。

近代的中国，旧有的大一统政治格局虽被冲击得七零八落，但"大一统"维系自救的力量依旧存在。民族主义在中国的传播及其与"华夷一统观"的结合，使得"中华民族"（民族国家 nation-state）的概念应运而生，这一概念所表达的正是"中华民族观"。这种"中华民族观"携带中华文化包容性的天然基因，避免了奥匈帝国各民族解体散落、各自建国的结局。在中华民族各族儿女的不懈斗争下，无论是英、法、美、俄等老牌殖民帝国掀起的瓜分中国狂潮，还是军国主义日本炮制的"满蒙非中国论"，均以失败告终。决定国家道路选择和政治冲突中定力的是深层的思想力量，而这种力量通常源自一个民族共同体的历史记忆和群体记忆。

当王朝天下及其认知体系遭遇到西方民族国家阵营的冲击之后，王权掩映下的臣民和文化精英在近代外来侵略力量的打击下，

---

① 梁启超：《中国历史上民族之研究》，载《饮冰室合集》第 8 册，中华书局，1989，第 82 页。

② 左玉河编《中国近代思想家文库：杨度卷》，中国人民大学出版社，2015，第 134 页。

不得不选择向国家时代转型，左右这种转型的决定力量还是中华民族自身的政治、文化历史遗产——共命运的国家“大一统”。[①]

（三）新时代和全球化场域中的“中华民族共同体意识”

执政者寻求国家建设的合法性通常依靠两条路径，一是历史遗产，二是民意基础。中国共产党作为中华人民共和国的缔造者，将中华民族的命运与人民当家作主紧密结合起来，取得了国家建设的傲人成绩。同时，随着中国社会主义建设实践的不断深入，中国共产党对于“民族”和“中华民族”的认识也不断加深。费孝通的中华民族多元一体格局理论也从学术领域延展到多民族国家合法性、合理性解释的国家政治话语之中。

步入全球化时代以后，中华民族既要自立于世界民族之林，又要践行全球规则；既要坚持好自己的自信，又要应对各种冲击，尤其是要有效应对来自各种意识形态方面的冲击。因此，铸牢中华民族共同体意识就是要打造现代中国坚定的国民信仰和难以撼动的国家意志。

2014年，习近平总书记在中央民族工作会议上提出积极培养中华民族共同体意识，回溯了中华民族共同体形成的历史过程以及构建中华民族共同体的重大意义，回应了近些年各执一偏的学术争议，回答了“中华民族由何而来”“中华民族向何处去”的方向性问题。应该说，中华民族共命运的体验和共识，形成于鸦片战争、甲午战争、抗日战争等一系列抗敌御侮的苦难历程中，深化于中华

① 汤因比研究世界文明非常看重“大一统”，一是国家“大一统”，二是宗教“大一统”。他认为中国的特点是国家“大一统”而非宗教“大一统”。汤因比认为历史上的“大一统”国家只剩下俄国和中国，对于西方资本主义的大体系而言，这是两个异类。具体参见阿诺德·汤因比：《历史研究》，刘北成、郭小凌译，上海人民出版社，2000，第235—317页。

人民共和国成立以来的改革开放、大国崛起的进程中。因此，中华民族共同体越来越成为包含经济共同体、政治共同体、文化共同体、社会共同体等诸多维度在内的有机的命运共同体。

2012 年 11 月，党的十八大胜利召开，标志着中国特色社会主义建设进入了新时代。在新时代中国特色社会主义建设背景下，全面推进各民族交往交流交融，铸牢中华民族共同体意识，成为党和政府民族工作的主要目标和努力方向。在全球性竞争与合作中，中华民族对内要打造中华民族共同体，对外要融入人类命运共同体。

三、“大一统”思想与中华民族共同体意识的关系

“大一统”思想深刻影响着中国人的“文化心理结构”，在整个国家由传统向现代转型的过程中，我们建立的是与中国历史文化传统相契合的多民族统一、多元一体的现代国家，并非西方那种单纯的“民族国家”。[①] 在这样的国度，纯粹的民族国家叙事并不能完整地解释中国的复杂性，今天的中国承继了王朝国家的“多元复合结构”。[②] 而要经营这种历史遗传结构，就要将其纳入现代多民族国家建设的格局与进程中，铸牢中华民族共同体意识便是题中之义。

（一）传承与再塑“大一统”的“统一”理念

“大一统”思想的核心理念就是崇尚统一，主张合而不是分，强调的是社会的一体化和共同性。当然，这种价值层面的崇尚统一与技术层面的社会控制、威权治辖、禁锢思想等“专一”性的权御之术是不同的。扬弃“大一统”的核心是权力归属于谁的问题。培

---

① 肖存良：《大一统：中国统一战线的文化基础》，《统一战线学研究》2017 年第 5 期，第 35—43 页。

② 施展：《中国历史的多元复合结构》，《探索与争鸣》2017 年第 3 期，第 59—68 页。

育和铸牢中华民族共同体意识主要继承的是“大一统”的和合理念，肯定“大一统”对于维系多民族国家所发挥的聚合效应。

在中华民族多元一体格局的形成过程中，始终存在着推动各民族由分散走向统一的凝聚力量，这一进程既包括来自民间社会的自然凝聚，也包括来自国家的鼓励推动。李大龙认为，无论是多民族国家疆域的形成和发展，还是中华民族（国民）的形成和发展，都是在“大一统”思想的主导下进行的。[①] 费孝通先生论证的中国传统农耕社会的“差序格局”[②] 和王建革教授论证的游牧社会的“游牧圈结构”[③]，也孕育成长于具有普世道德关怀的“天下体系”的母体之中。

现代中国的再次崛起在很大程度上得益于“大一统”思想的绵延与支撑。中华人民共和国的成立，重新铸造了现代中国的“大一统”政治格局，也开启了中华民族由“站起来”到“富起来”再到“强起来”的伟大复兴之路。改革开放之后，随着统一市场、统一治理、统一建设、统一教育等因素的推动，中国共产党再造了新时代的执政力、价值观、制度与政策，她纵向汇集了中国人民的智慧和力量，横向以工人阶级的团结为基础实现了各民族的团结。

（二）以民族整合替代威权统合

中华文明起源的多元性和本土性，是中华民族多元一体格局孕育和发展的起点。早在数千年前的新石器时代，生活在黄河流域和

---

① 李大龙：《自然凝聚：多民族中国形成轨迹的理论解读》，《西北师大学报》（社会科学版）2017 年第 3 期，第 68—75 页。

② 费孝通：《乡土中国》，人民出版社，2015，第 25 页。

③ 王建革：《游牧圈与游牧社会——以满铁资料为主的研究》，《中国经济史研究》2000 年第 3 期，第 14—26 页。

长江流域的各族团群体即开始了不同程度的交流、互动与整合，各地区文化之间的碰撞融合机制为多元的起点增加了一体的格局。[①]费孝通先生的这一论点深受新中国考古学发展的影响[②]，从苏秉琦先生的“区系类型说”[③]到严文明先生的“重瓣花朵说”[④]，都直接影响着中华民族多元一体格局理论中“多元起源”“互动融合”“凝聚核心”等理论要素的想象。严文明先生所论述的“重瓣花朵”式的同心圆差序格局精妙地将中华文化的多样性与统一性联系起来，这种因同心圆式的向心结构而产生的内向聚合的空间结构力正是造就中国社会“超稳定结构”的原动力。

文化、社会结构根本上是由政治权力结构所设定并强化的。历史上的“大一统”体现为一定文化、社会的包容性，而克服来自地域、族类疏离性矛盾的关键在于依靠威权（王权）的统合力量及其严酷的治辖之术。而新时代的中华民族共同体建设则以人民民主为基础，以民族平等团结为原则，更凸显政治、经济、文化、社会的整合性。其中政治整合是核心，经济、社会整合是基础，文化多样和价值一致整合是补充。习近平总书记在党的十九大工作报告中指出铸牢中华民族共同体意识。[⑤]中华民族共同体意识的培养和形成，

---

① 费孝通主编《中华民族多元一体格局》，中央民族大学出版社，2018，第18—21页。

② 著名考古学家苏秉琦先生在《关于考古学文化的区系类型问题》中提出了“区系类型说”，并在《中国文明起源新探》一书中将其概括为“满天星斗说”；严文明先生在《中国史前文化的统一性与多样性》一文中进一步将新石器时代的六大文化区系比作“重瓣花朵”，并强调了中原文化区系与汉族的凝聚核心地位。

③ 苏秉琦：《中国文明起源新探》，辽宁人民出版社，2009，第86—108页。

④ 严文明：《中国史前文化的统一性与多样性》，《文物》1987年第3期，第38—50页。

⑤ 习近平：《决胜全面建成小康社会 夺取新时代中国特色社会主义伟大胜利——在中国共产党第十九次全国代表大会上的报告》，《人民日报》2017年10月28日，第1版。

离不开中国传统的政治思想文化，更离不开中国共产党民族政策的实施和民族工作实践的绵绵用力。只有铸牢中华民族共同体意识，才能促进中华各民族的互动熔焠与团结凝聚。

四、结语

“大一统”思想作为中国传统政治文化的重要内容，深刻影响着中国人的“文化心理结构”，塑造了中国古代“家—国—天下”式的政治格局，也铸就了古代中国两千多年的“超稳定结构体”。表现在民族观方面，无论是中国古代的“华夷一统观”还是近代以来的“中华民族观”，抑或是当代所强调的“中华民族共同体意识”，都贯通着“大一统”思想的脉络。

中华民族共同体形成于延续数千年的中华文明体中，在中国传统政治思想的影响下，各族同胞一直保持着对“大一统”太平盛世的渴望和追求。“大一统”也是历史悠久的古代多民族国家向近代多民族国家转型而未裂变的认同力量。贯串于中华文明发展历程的“大一统”思想，是中华各族儿女中华民族认同和国家认同的思想来源。

一个概念及其包含的思想都在经历蜕变，在今天，认知和理解中华民族共同体意识，把握“大一统”的实质要剔除历史上专制压迫的成分。大，意为崇尚、看重；一统，意为民心归一、国家统一。“大一统”传统思想与中华民族共同体意识的基本联结在于为多民族国家建设与发展提供认同支撑。弗朗西斯·福山认为，国家建设的成功关键在于并行发生的民族建设……民族建设是创建民族认同……民族建设需要创建无形的东西，如民族传统、符号、共享的历史记忆和共同的文化参考。[①] 对于中国人而言，“大一统”就是一种传统、符号、长久的历史记忆和共同的文化参考。

---

① 弗朗西斯·福山：《政治秩序与政治衰败：从工业革命到民主全球化》，毛俊杰译，广西师范大学出版社，2015，第 168 页。

政治认同视角中铸牢中华民族共同体意识的思考[①]

自20世纪80年代共同体主义盛行以来，共同体的政治意涵愈发突出，随之而来的是人们对国家、家庭和社区集体价值的推崇，对爱国主义乃至世界主义的倡导。具有浓郁集体主义传统的中国，自改革开放以来在中国特色社会主义的指引下取得了令世人瞩目的成就，对内建设中华民族共同体，对外打造人类命运共同体，成为当代中国的鲜明主张。共同体理念是回答“中华民族为何成为一个”的有力答案，铸牢中华民族共同体意识成为实现中华民族伟大复兴的中国梦的时代要求。

铸牢中华民族共同体意识就是让每一个中华民族的成员都认同和维护中华民族的共同利益，自觉地认同、归属于中华民族大家庭。政治家们早已洞悉，政治分歧乃至持久的相互冲突，在深层的维度上，往往就是由分属不同共同体的人们在各自的共同体利益和信念上无法让步所致。而这些利益和信念常常是让一个群体成为

① 本文系2018年度教育部哲学社会科学研究重大课题攻关项目“健全民族团结进步教育常态化机制研究”（项目编号：18JZD054）的阶段性成果。本文原发表于《北方民族大学学报》（哲学社会科学版）2020年第1期。

共同体、让一个个体成为共同体成员的东西。[①]这个“东西”实质上就是政治认同。20世纪中叶以来，人类的政治生活和国家建设越来越体现出政治认同的特征，或者说政治系统运转和政治治理越来越强调以广泛的民众认可和赞同为基础。因而，培养民众的政治认同，培养人们对政党、制度、国家在情感和意识上的归属感，便成为现代国家建设的常规内容和基础性工程，因为政治认同是维系政治制度合法性和政治稳定的内在力量。从政治认同的视角看，铸牢中华民族共同体意识是新时代中国特色多民族国家建设的重要方略。

一、中华民族多元一体及其内生动力

在2019年全国民族团结进步表彰大会上，习近平总书记在阐述我国民族团结进步事业的历史基础时指出：“中华民族多元一体是先人们留给我们的丰厚遗产，也是我国发展的巨大优势。”[②]

（一）“多”与“一”：辩证的共同体

回溯历史，中华民族多元一体是先人们为我们积淀下的财富，看今朝、望未来，中华民族多元一体是我国发展的巨大优势。如果探究多元积聚成一体的共同性来自哪里，则具体体现在：各民族共同开拓了辽阔疆域，为各族人民及其先民共同生活创造了共同地域，为多元积聚成一体提供了家园这一物质条件和空间；各民族共同书写的悠久历史，为各族人民及其先民滋养了共同记忆，为多元积聚成一体提供了久远的伴随感；各民族共同创造的灿烂文化，为

---

① 李义天主编《共同体与政治团结》，社会科学文献出版社，2011，第3页。

② 习近平：《在全国民族团结进步表彰大会上的讲话》，《人民日报》2019年9月28日，第2版。

各族人民及其先民留下了共享的人文符号和价值，为多元积聚成一体提供了文化纽带；各民族共同培育的伟大精神，为各族人民及其先民储备了认同发酵剂，为多元积聚成一体提供了精神力量。地域的共同性、记忆的共同性、文化的共同性、精神的共同性相互催化，成为多元积聚成一体的复合条件，共同性是共同体的命脉。

从中华民族共同体的横向结构或格局来看，是“多元”的民族汇聚成中华民族大家庭这一整体，56个民族是组成中华民族这一共同体的单元和部分。应当注意的是，56个民族组成中华民族不是简单、机械的组合或拼合，而是有机的聚合，聚合的有机性来自不同民族之间的共性和56个民族的共性。作为一个命运共同体，中华民族是一个有机的多民族统一体，中华民族的有机性来源于各民族历史和现实中的交往交流交融，各民族之间的交往交流交融是不同民族发展的需要，是各民族之间存续共性的基础，也是各民族汇聚成中华民族的聚合力量。[①]

从中华民族共同体的纵向结构或层级结构来看，是上位的“一体”统合下位的“多元”，“一体”是由共同利益、共同命运所决定的中华民族共同体的整体优先性，“一体”的优先性在秦朝以来的王朝时代体现为崇尚君王的“天下关怀”和对“大一统”治理理念的推崇。常安指出：秦朝一体化整合努力以及建立郡县制的直接管理模式有力地加强了对多民族统一王朝的控制，使得大一统的政治理念具有现实操作的可能，同时也使中国境内各民族从此视统一为

---

① 严庆：《各民族交往交流交融的格局思考——从格局的视角理解中华民族的内在有机性》，载王希恩、李海红、都永浩主编《民族理论探新集：中国民族理论学会学术年会论文选（2015）》，社会科学文献出版社，2016，第145页。

正常状态、分裂为非常状态成为一种共同的心理认知基础。[1]“一体”的优先性在主权国家时代则体现为对国家利益和主权唯一的尊崇。“一体”的显著性在现代主权国家之间的竞争中越发凸显。

需要指出的是，在理解“多元”与“一体”的辩证关系时，不能简单、机械地将两者作为“两个端点”进行比较，因为“多元”与“一体”本身是相互融渗的。中国哲学中的“一”与“多”是相对的，即“一”与“多”互相包容而为一体：“一”是“多”的“一”，是故才称为“一”；“多”是包容“一”的“多”，因此才称为“多”。所以并没有一个在“多”之外的“一”，亦没有一个在“一”之外的“多”。[2]在崇尚和合的哲学中没有“一”“多”对立之论。安乐哲在解释唐君毅的“一多不分观”，即中国生生宇宙论时总结道：“一与多的不可分、个体身份与情境间的连贯性、独特性与多义性的共存、连续性与多样性的相互关系、完整性与综合性的包容性、从关系紧张中产生的共享和谐动态，以及经由效果全体实现的具体细节表达等。更为重要的是，‘一多不分’以另外一种方式描述了内在的、本质的关系性原则——将所有‘一’与必然作为其情境的‘多’合为一物。”[3]理解中华民族多元一体的格局与历程更当秉持如此的“多”与“一”的关系。

（二）中华民族的内生动力：追求团结统一

中华民族和中国经历了齐头并进、人口和国家同构的进程。各民族之所以团结融合，多元之所以聚为一体，源自各民族文化上的

① 常安：《统一多民族国家的宪制变迁》，中国民主法制出版社，2015，第 21 页。

② 张祥浩：《中国哲学的一多论》，《江苏社会科学》2003 年第 2 期，第 87—91 页。

③ 安乐哲：《中国与转变中的世界秩序——儒家思想与杜威及实用主义的对话》，祝薪闲译，《探索与争鸣》2018 年第 2 期，第 4—15 页。

兼收并蓄、经济上的相互依存、情感上的相互亲近，源自中华民族追求团结统一的内生动力。[①]

在长期的历史进程中，我国各民族及其先民在文化、经济、情感上互动、交流、融通，既编织起依存共生的社会网络，又融汇出美美与共的精神家园。在阿米泰·埃齐奥尼（Amitai Etzioni）看来，“共同体可以用两个特征来定义。其一，一个共同体需要一个人们之间能够彼此影响的关系网——这种关系经常相互交织，并且能够相互增强。其二，共同体需要信奉一系列共同的价值、规范、意义，以及共同的历史与认同——简言之，一种特殊的文化”。[②]中华民族共同体无疑兼具这两个特征。更为重要的是，习近平总书记从历史唯物主义的立场出发，揭示出中华民族命运共同体的内生动力是各民族及其先民追求团结统一。

追求，意指尽力寻找、探索，用积极的行动来争取达到某种目的，既是明确的态度指向，又是主动的行为取向。团结统一，是追求的目标，也是秉持的价值和奉守的规约。团结，寓意和睦、不可离间，用以比喻为了集中力量实现共同理想或完成共同任务而联合。统一是指部分联成整体，分歧归于一致，与“分裂”相对。团结统一是一种基于传统天下观与和合理念的政治认同，因为引导和规约团结统一的关键因素是政治力量。中国人称政治，政者，正也，合四隅成一方为正；治指水流，众水滴依道流行。四隅之于一方，水滴之于一流，即部分，即总体。水其总体，水滴其部分，不

① 习近平：《在全国民族团结进步表彰大会上的讲话》，《人民日报》2019 年 9 月 28 日，第 2 版。

② Amitai Etzioni，“The Responsive Community：A Communitarian Perspective，” *American Sociological Review*，No. 1（1996）.

失其自由平等独立之地位，而相互间无所争，乃能融成一整体。[1]由此可见，政治的功能就是统合、团结、汇聚。如果说政治是统合力量，那么统合的舞台和空间就是天下。

始于周代的天下体系，是一个天下无外的一统世界观。从政治意义上看，所谓“天下”，就是具有不确定边界的大规模和多民族政治共同体。而在多于一个“天子”的三国、十六国南北朝、五代十国时期，天下则是一个多区域、多民族共享的统一生存空间。[2]与天下无外的世界观相对应衍生出的则是作为政治制度和价值取向的“大一统”。“大”意为重视、尊重，“大一统”体现了历朝历代的君王对于天下一统的推崇和追求。尽管中央王朝长期奉行的一统的世界观在近代被外来的民族国家力量所打破，但一统作为一种传统文化沉积却一直滋养着中国的现代国家建设，伴随着社会主义制度的建立，君王的一统天下革命化为人民的一统天下。

认同是一种传承，认同可以萌生力量。追求团结统一的政治认同在中国历史长河中成为型塑中华民族多元一体格局的关键力量。远古至战国，华夏中心、四方关联的格局形成；秦汉至隋唐，中华民族多元一体格局基本形成；宋元明清，中华民族多元一体格局得以巩固和发展；20世纪的人民民主革命，将帝王权力交还给了人民大众。中国共产党领导全国各族人民完成了国家统一，在经历了近代西方的冲击之后，重新把中国整合成一个超大规模国家。

近代以来，指代各民族命运共同体的“中华民族”概念不断普及，意涵日趋明确。20世纪20年代之后，特别是“九一八”事变

---

① 钱穆：《晚学盲言》（上），生活·读书·新知三联书店，2010，第7页。

② 吴稼祥：《公天下：多中心治理与双主体法权》，广西师范大学出版社，2013，第32页。

之后，指称中国国内包括汉族和其他各族人民在内的大的民族共同体之“中华民族”概念，成为主导国内政治舆论的“中华民族”概念之流行用法。这一主导型、符号化的“中华民族”概念，明确强调中国境内各族人民作为国民和公民的平等身份，他们有历史延续下来的政治、经济、文化乃至泛血缘联系的特殊性及其强化趋势，以及依托在新的现代共和国形式上的民族共同体之整体性和统一性，包括各族人民摆脱帝国主义列强的侵略，实现全民族独立和现代化发展的共同命运。黄兴涛将这一主导型“中华民族”概念所直接传导和涵括的族类认同意识及运用展开的民族一体化理念和信念等，称为现代中华民族观念。[①] 时至今日，中华民族在中国共产党的领导下，将追求团结统一的内生力量引申为铸牢中华民族共同体意识的新时代民族工作主线。

中华民族是一个命运共同体，而共同体的形成需要一系列要素，包括物质性要素和精神性要素，这些要素具体化为共同的生活地域、共同的历史经历、共同的利益基础、共同的伦理系统、共同的价值追求等。诸多共同性可以生成共同的认同，认同则被视为共同体凝聚的关键因素。从维系和发展共同体的机理来看，铸牢中华民族共同体意识就是培塑和坚定各民族成员对中华民族共同体的认同，这符合中国文化之根本精神，即“将部分与全体交融互摄”之精神：自认识上言之，即不自全体中划出部分之精神（此自中国人之宇宙观中最可见之）；自情意上言之，即努力以部分实现全体之精神（此自中国人之人生态度中可见之）。[②]

---

① 黄兴涛：《重塑中华：近代中国“中华民族”观念研究》，北京师范大学出版社，2017，第 1 页。

② 唐君毅：《唐君毅全集》第 2 卷，九州出版社，2016，第 2 页。

二、追求团结统一与铸牢中华民族共同体意识

在多民族国家建设进程中，中国共产党人提出了具有中国特色的理念和方略，诸多建树中，最为重要的便是“铸牢中华民族共同体意识”。从国家建设理论上讲，铸牢中华民族共同体意识，实质上就是培养各族人民对中华民族共同体的归属感、认可度和忠诚度，属于政治认同培塑。

凝聚国民团结是国家建设的重要任务。国家“三要素说”认为国民、领土、主权构成国家，国家“四要素说”认为人民、领土、主权、政府组成国家。无论是“三要素说”还是“四要素说”，对于国家而言，最关键的要素是国民（人民），因为是国民（人民）赋予领土边界划分与承继关系，是国民（人民）成为主权的集体拥有者、捍卫者，是国民（人民）选举和拥护政府。可见，如何凝聚和领导国民（人民）是国家建设的首要任务。理论与实践都表明，国民（人民）的分裂通常会带来领土分割、政府垮台乃至主权坍塌。习近平总书记多次强调，团结稳定是福，分裂动乱是祸。

一个承认自己拥有不同民族群体的多民族国家，只有同时培育一种各民族群体的成员都认同并且拥护的超民族认同时，它才可能是稳定的。[①]国家认同就是超民族认同，也是最基本的政治认同。国民（人民）在政治社会化的过程中，通过参与社会生活或接受教育，逐步在特定的社会联系中确定自己的身份，学会鉴别和参加政党、社团，参与选举等政治活动，产生政治信念、政治理想、政治追求，并自觉地以择定的政治规范约束自己的政治言行，这种现象或过程就是政治认同。认同与身份相关，作为政治认同的对象

① 李义天主编《共同体与政治团结》，社会科学文献出版社，2011，第142页。

应是多种多样的，国家、政治制度、政党、民族等是常见的认同对象。在现代社会诸多政治认同中，对国家的认同是最基本的政治认同，几乎所有人都有自己的国民身份。多民族国家则更注重国家认同、民族政治团结认同的培养，旨在防止和矫正族类认同与国家认同之间的层位错位和优先性错位。国家认同在认同层位上高于族类认同，这是多民族国家稳定和发展的前提。

多民族国家的政治认同建设至关紧要。党的十八大以来，结合实现中华民族伟大复兴的中国梦的时代主题，党和国家高度重视对国民进行多民族国家政治认同的培养。2014 年中央民族工作会议的主题是高举中国特色社会主义伟大旗帜，坚持中国特色解决民族问题的正确道路，以增强中华民族凝聚力、增进各族人民福祉为主旨，坚持各民族共同团结奋斗、共同繁荣发展，推动各民族交往交流交融，实现和睦相处、和衷共济、和谐发展，加快民族地区全面建成小康社会进程，努力实现“两个一百年”的奋斗目标和中华民族伟大复兴的中国梦。① 党的十九大报告指出，全面贯彻党的民族政策，深化民族团结进步教育，铸牢中华民族共同体意识，加强各民族交往交流交融，促进各民族像石榴籽一样紧紧抱在一起，共同团结奋斗、共同繁荣发展。② 从这两次重要会议的主旨可以看出，新时代多民族国家的政治认同建设聚力于培养各族人民认同中国特色社会主义，认同中国共产党的理论与领导，认同中国特色民族政策与民族工作，认同各民族共命运，认同实现中华民族伟大复兴。

---

① 宗禾：《中央民族工作会议：举旗定向，为民族工作提供根本遵循》，《中国民族报》2021 年 8 月 29 日，第 4 版。

② 习近平：《决胜全面建成小康社会 夺取新时代中国特色社会主义伟大胜利——在中国共产党第十九次全国代表大会上的报告》，《人民日报》2017 年 10 月 28 日，第 1 版。

而铸牢中华民族共同体意识则是新时代民族研究领域、民族工作领域最为重要的议题。

在新时代，铸牢中华民族共同体意识是对中华民族追求团结统一内生动力的承继。当下的团结既包括各民族内部的团结，也包括各民族之间的团结，还包括国民意义上的中华民族大团结。在崇尚集体主义、社会主义的当下中国，实现民族团结，拥有以公有制为主体的经济基础、以人民当家作主为核心的政治基础、以社会主义核心价值观为统领的思想道德基础、以互嵌互助为特点的社会基础、以实现中华民族伟大复兴为己任的目标基础，这些基础中蕴含着丰富的共同性成分，而共同性无疑是浇灌团结之花的最好养分。[①] 当下维护和追求的统一，包括国家领土完整、中华民族团结一致、国家主权唯一，反对的是分离和分裂，而中华民族共同体作为一个各民族共命运的大家庭，自然包含了共同的家园、共同的家人、共同的家产、共同的家规等意涵。团结统一是一种状态、一种局面、一种价值，从行为发生学来看，则是一种驱动行为的认同。

三、“五个认同”汇聚于铸牢中华民族共同体意识

中华民族共同体意识在本质上属于政治认同，培植和铸牢这一认同需要多种路径。2015 年中央第六次西藏工作座谈会以来，习近平总书记多次强调要不断增进各族群众对伟大祖国、中华民族、中华文化、中国共产党、中国特色社会主义的认同。从本质上讲，这五个方面的认同均属于政治认同，汇聚于铸牢中华民族共同体意识，服务于中国特色社会主义多民族国家建设。

---

① 严庆：《中国民族团结的意涵演化及特色》，《民族研究》2019 年第 1 期，第 24—34 页。

（一）认同伟大祖国就是认同中华民族共同体的历史合法性

从形成和发展过程的角度看，中华民族共同体是一个命运共同体。中华民族共同体的形成与发展是一个各民族不断融汇聚合的过程，是一个共同体内在凝聚力不断增量的过程。在这个纵向发展进程中，始终秉持着一个传统，那就是爱国主义。爱国主义就是深沉而执着的国家认同。古代中国人的国家认同并没有完全局限于认同君主帝王、认同王朝这两个层面。王朝总是有兴有灭，但在时间上前后相连，于是出现了超越这个或那个具体王朝而始终存在的一个政治共同体的观念。这个历时性的政治共同体就叫作“中国”。[①]自称“中国”，既成为王朝延续合法性的资格，也免除了对“中国”以外国家认同的衍生，因为在天下一统的世界观内，“中国”只有一个，那就是铸造在何尊上的[②]或“国”字所意指的众城（众国）所拱卫的中间最大的城（国），中间的最大的城就是中国，天子居于其中，号令天下。在中国的历史长河中，可谓群雄起伏，王朝更迭，但是正统不辍，无论哪个民族问鼎王权，都以正统自居。所以说，当代中国作为一个统一的多民族国家，是汉族以及诸多的中国少数民族一起参与中国国家构建的共同历史成果。[③]

中华民族以“大家庭”模式包容各个民族，中华民族以“一家亲”模式包容两岸同胞，中华民族以“根脉”模式包容华侨华

---

① 姚大力：《追寻“我们”的根源：中国历史上的民族与国家意识》，生活·读书·新知三联书店，2018，第 18 页。

② 马承源：《何尊铭文初释》，《文物》1976 年第 1 期，第 64—65 页。

③ 同①，第 52 页。

人。① 在历史根脉回溯中，爱国主义是当代国民对故土家园的深深眷恋；在现代政治格局中，爱国主义是国民对国家主权的珍爱，对国家荣誉的爱护，对国家利益的捍卫。而对于两岸同胞和海外中华儿女而言，群体和个人的祖国认同是在历史认知、现实感受和未来预期这三个因素的互动作用中存在和发展的。② 认同伟大祖国，就是认同我国作为统一的多民族国家形成与发展的历史，认同我们来自哪里的根脉。2014 年 6 月 6 日，习近平总书记在会见第七届世界华侨华人社团联谊大会代表时谈道，团结统一的中华民族是海内外中华儿女共同的根，博大精深的中华文化是海内外中华儿女共同的魂，实现中华民族伟大复兴是海内外中华儿女共同的梦……在世界各地有几千万海外侨胞，大家都是中华大家庭的成员……中国梦是国家梦、民族梦，也是每个中华儿女的梦。

（二）认同中华民族就是认同中华民族共同体的内在结构与纽带

共同体是由共同体的组成部分借助纽带的作用结成的。中华民族共同体是一个同心圆共同体，圆心在中华大地。中华民族共同体就是一个家，中华民族是个大家庭，中华民族是一家，家的纽带是亲情，中华民族一家亲。一家亲，就是各民族互为家人，相濡以沫，肝胆相照，守望相助，荣辱与共。认同中华民族在于认同“大家庭”，即各民族都是家人；认同“家底”，即多民族的历史国情与现实国情；认同“家园”，即各民族共同开发、共同捍卫了祖国的广袤疆域；认同“家风”，即崇尚各民族团结进步，相互帮助；认

---

① 严庆：《承转与开合中的中华民族内涵分析——兼论十八大以来习近平关于中华民族的表述》，《湖北民族学院学报》（哲学社会科学版）2018 年第 3 期，第 17—23 页。

② 罗福惠：《孙中山时代华侨的祖国认同》，《近代史研究》1996 年第 6 期，第 118—142 页。

同“家规”，即恪守爱国规约，反对分裂。

对于中国来说，家庭被视作秩序的重要来源。西方传统漠视作为秩序指针的家庭，这与儒家世界观以家庭为主要譬喻，从而使所有关系都基于家庭的做法大相径庭。如果说至和是其理想目标，那么，家庭就是最有可能让人倾其所有、毫无保留地付出的那个人类机构。[①] 可以说，中华民族“大家庭”是具有中国温度、中国智慧的民族关系注解和囊括。对共同体中的个体来说，民族认同还能够实现一些更具私人性的内部功能，其中最鲜明的就是对其成员进行社会化，从而使他们成为国民和公民。[②]

（三）认同中华文化就是认同中华民族共同体的内生力量与气质禀赋

中华文化是具有中华特点的在长期的历史进程中积淀下来的各民族的智慧结晶。在我们的传统文化中，对于很多价值的理解与西方不一样。比如，在中国传统文化看来，正义与自由一样重要；同情比理性更有必要；人的责任，特别是一个人对家庭、社会、人类的责任，比权利更重要；社会的和谐比个体的发展更优先；等等。[③]

文化造就人，文化浸润人，中华民族共同体的形成与发展离不开中华文化的滋养和引导。2014 年 2 月 24 日，习近平总书记在中共中央政治局第十三次集体学习时指出：“中华文化源远流长，积淀着中华民族最深层的精神追求，代表着中华民族独特的精神标

---

① 安乐哲：《中国与转变中的世界秩序——儒家思想与杜威及实用主义的对话》，祝薪闲译，《探索与争鸣》2018 年第 2 期，第 4—15 页。

② 安东尼·D. 史密斯：《民族认同》，王娟译，译林出版社，2018，第 24 页。

③ 杜维明、安乐哲：《中国哲学研究的世界视野与未来趋向》，《哲学动态》2018 年第 8 期，第 5—16 页。

识，为中华民族生生不息、发展壮大提供了丰厚滋养。”[①]2016 年 7 月 1 日，习近平总书记在庆祝中国共产党成立 95 周年大会上指出：“在 5000 多年文明发展中孕育的中华优秀传统文化，在党和人民伟大斗争中孕育的革命文化和社会主义先进文化，积淀着中华民族最深层的精神追求，代表着中华民族独特的精神标识。”[②] 中华文化内在滋养中华民族共同体的精神追求，外化为中华民族共同体的精神标识。说到底，中华民族共同体是人的共同体，这一共同体的气质禀赋是由构成共同体的人们的集体气质禀赋所呈现出来的，和合理念、中庸正道、悯怀天下、得道多助等中华文化滋养出中华民族共同体的气质禀赋。认同中华文化须不断增强文化自信，在激烈的国际竞争中守护文化安全底线，在中华民族文化创新发展中既承接优秀传统，又与时俱进。“腹有诗书气自华”，中华文化就是中华民族共同体的腹中“诗书”。

有学者认为，中国的正统文化很容易被转化为一种精神和价值层面的追求。至于中华民族共同体意识的构建，道理也是一样的，她使彼此能够真正结合在一起的社会文化机制和作用发挥变得异常重要。[③]

（四）认同中国共产党就是认同近代以来中华民族共同体建设的导引力量

中国共产党以其革命性、进步性赢得了执政地位。习近平总书

① 《把培育和弘扬社会主义核心价值观作为凝魂聚气强基固本的基础工程》，《人民日报》2014 年 2 月 26 日，第 1 版。

② 习近平：《在庆祝中国共产党成立 95 周年大会上的讲话》，《光明日报》2016 年 7 月 2 日，第 2 版。

③ 赵旭东：《迈向和而不同的人类命运共同体——基于“一带一路”人类学与中华民族共同体意识构建的新思考》，《西北民族研究》2019 年第 2 期，第 27—39 页。

记在党的十九大报告中指出："中国共产党人的初心和使命，就是为中国人民谋幸福，为中华民族谋复兴。"[①] 这样的论断和规定表明，中国共产党党员来自人民，党员群体来自中华民族，从属于中华民族，同时又是中华民族共同体建设的"舵手"和"发动机"。中华民族共同体建设离不开驱动力和牵引力，自 1921 年以来，中国共产党人便以自己的不懈努力向世人证明，中国共产党是中华民族共同体建设的驱动力、牵引力之源，是名副其实的先锋队。作为坚强有力的执政党，中国共产党在中华民族共同体建设中不断发挥着利益聚合、组织动员、制度建设等功能。只有中国共产党才能实现中华民族的大团结，只有中国特色社会主义才能凝聚各民族、发展各民族、繁荣各民族。[②]

（五）认同中国特色社会主义就是认同中华民族共同体的建设道路与方向

人的共同体自身也是社会共同体，必然体现出特定的社会性质。自改革开放以来，中华民族共同体的社会性质是由中国特色社会主义决定的。习近平总书记指出："中国特色社会主义，是科学社会主义理论逻辑和中国社会发展历史逻辑的辩证统一，是根植于中国大地、反映中国人民意愿、适应中国和时代发展进步要求的科学社会主义，是全面建成小康社会、加快推进社会主义现代化、实现中华民族伟大复兴的必由之路。"[③] 中国特色社会主义决定了人

---

① 习近平：《决胜全面建成小康社会 夺取新时代中国特色社会主义伟大胜利——在中国共产党第十九次全国代表大会上的报告》，《人民日报》2017 年 10 月 28 日，第 1 版。

② 习近平：《在全国民族团结进步表彰大会上的讲话》，《人民日报》2019 年 9 月 28 日，第 2 版。

③《毫不动摇坚持和发展中国特色社会主义 在实践中不断有所发现有所创造有所前进》，《光明日报》2013 年 1 月 6 日，第 1 版。

民、国家、中华民族政治社会发展的底色，决定了中华民族共同体的建设发展“为了谁”及“走向哪里”的问题。认同中国特色社会主义体现为认同中国特色社会主义道路，认同中国特色社会主义理论，认同中国特色社会主义制度。中国特色社会主义是改革开放以来中华民族共同体建设发展遵循的路标，这一路标的设定者是中国共产党。因此，认同中国特色社会主义是与认同中国共产党紧紧联系在一起的。2013 年 6 月 25 日，习近平总书记在中共中央政治局第七次集体学习时强调，“中国特色社会主义这条道路来之不易，它是在改革开放 30 多年的伟大实践中走出来的，是在中华人民共和国成立 60 多年的持续探索中走出来的，是在对近代以来 170 多年中华民族发展历程的深刻总结中走出来的，是在对中华民族 5000 多年悠久文明的传承中走出来的，具有深厚的历史渊源和广泛的现实基础”。①

总体而言，铸牢中华民族共同体意识是为了建设中华民族共同体，认同伟大祖国在于认同中华民族共同体孕育、形成和发展的历史及历程，认同中华民族在于认同中华民族共同体这一大家庭及其成员，认同中华文化在于认同中华民族共同体形成、发展的内生纽带和前行动力，认同中国共产党在于认同近代以来中华民族共同体建设的领导凝聚力量，认同中国特色社会主义在于认同中华民族共同体现实与未来发展的轨道和方向。可见，“五个认同”均属于政治认同，分别涉及认同中华民族共同体的历史渊源、整体结构、内生力量、领导力量、未来走向等方面，铸牢中华民族共同体意识需

---

①《在对历史的深入思考中更好走向未来 交出发展中国特色社会主义合格答卷》，《光明日报》2013 年 6 月 27 日，第 1 版。

要不断从深化“五个认同”中获取滋养、多维感知、整体提升。

四、结语

人类的政治历史始终围绕着权力和权利而展开，在涉及多民族国家建设的议题上，各民族共同享有权利、共同运用权力成为理想化的选择，与此同时，打造国民共同体成为政治认同培养所致力的目标。就我国而言，王朝时代的中央政权凭借权力在其所控的疆域内推行国家化的忠诚与认同。而伴随着近代以来王朝体系崩塌、权力归还人民的政治转型，以一种民族主义为基础而构建起来的经历百余年而牢不可破的中华民族共同体意识，已经被证明是一条无可替代的现代中国可以熔铸多元意识进而构建现代国家的合理可行之路。这是一个曾经的东方泱泱大国以一种新的姿态走向世界的新风貌的完整体现。①铸牢中华民族共同体意识是多民族国家建设的凝魂聚力工程，其实质是一种崇尚各民族同呼吸、共命运的政治认同。

① 赵旭东：《一和多——作为人类学基本问题的人群关系》，《社会科学》2018年第7期，第63—76页。

认知与把握中华民族共同体的内在有机性

——铸牢中华民族共同体意识的一个思考视角[①]

中华民族作为一个命运共同体，拥有形成与发展的悠久历史，具有艰辛与荣光交叠的行进历程。在各民族努力实现中华民族伟大复兴的中国梦的新时代，中华民族共同体无疑成了最富感召力的概念。自 2014 年习近平总书记强调在各民族中牢固树立国家意识、公民意识、中华民族共同体意识以来，“中华民族共同体”“铸牢中华民族共同体意识”成为学术研究的热点，多学科、多维度的研究成果林林总总，纷繁呈现，推进了全社会更加广泛、全面、深刻地认知中华民族共同体。笔者认为，关注中华民族共同体“横向”和“纵向”的内在有机性，有助于理解中华民族共同体的活性（有机互动、富有生命力）、韧性（顽强持久、富有建构力），而活性和韧性的增强又与中华民族共同体的包容力、凝聚力的增强同步

① 本文系 2018 年度教育部哲学社会科学研究重大课题攻关项目“健全民族团结进步教育常态化机制研究”（项目编号：18JZD054）、2020 年度中央民族大学教改项目“新时代铸牢中华民族共同体意识的公共课路径研究”（项目编号：JG2003）的阶段性成果。本文原发表于《中央民族大学学报》（哲学社会科学版）2020 年第 5 期。

并行。

一、内在有机性是诸多研究中的一点或缺

“中华民族大家庭”“各民族交往交流交融”“你中有我、我中有你、谁也离不开谁”，这些话语的背后关联着共同体怎样的学理，需要深入解读、深刻阐释。遗憾的是，目前关于这方面的研究及其成果产出还是凤毛麟角。

（一）目前关于中华民族共同体内在有机性的研究不足

通过中国知网文献检索发现（相比于论著的出版，期刊论文的刊发周期短，因而可作为统计样本参考），“中华民族共同体”成了2014年以来学术界高度关注的热词和议题。[①]2014年以前相关研究很少，而在2011年“突然”出现了6篇文章，都和纪念辛亥革命100周年相关联，原因是当年《史学月刊》第4期集中刊发了6篇以“辛亥革命与中华民族共同体的演进”为主题的笔谈文章。

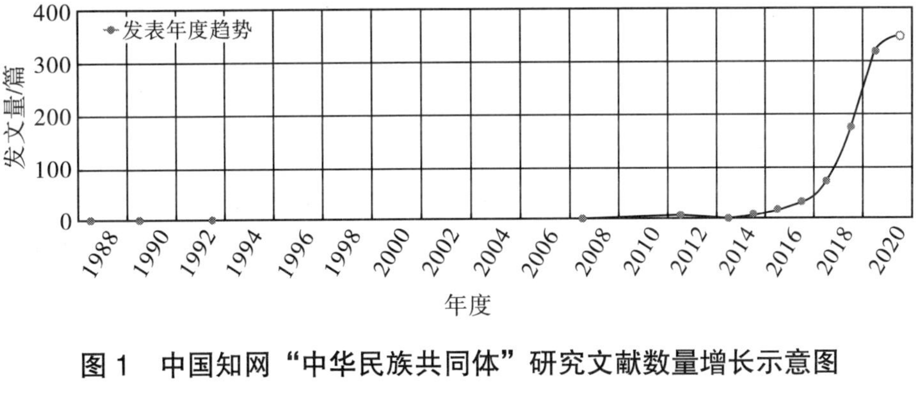

图1 中国知网“中华民族共同体”研究文献数量增长示意图

---

① 截至2020年6月11日，篇名含有“中华民族共同体”的文献共有763篇。其中2020年138篇，2019年317篇，2018年173篇，2017年70篇，2016年31篇，2015年15篇，2014年6篇，2011年6篇；2013年、2007年、1992年、1989年、1987年各1篇。从热度上来看，有85篇文章的下载量超过了1 000次，其中4篇下载量超过了4 000次。

学术史在一定程度上反映的是实践史，如果说在20世纪90年代“中华民族”作为社会科学中的一个概念和术语，长期未得到认真的研究和论证，致使人们对它的理解还有许多模糊之处。[①]或者说20世纪80年代初，国内学术界担心苏联当时流行的“新的历史性人们共同体”——苏联人民具有“加速民族同化”的嫌疑，那么经过中国学术界近年来的阐释与论证，中华民族共同体的意涵则更加清晰了。

2015年9月，习近平总书记在会见基层民族团结优秀代表时指出：“我国56个民族都是中华民族大家庭的平等一员，共同构成了你中有我、我中有你、谁也离不开谁的中华民族命运共同体。”[②]命运，可以解释为一种生死攸关的选择。中华民族命运共同体是一个可以追溯过去、把握当下、选定未来的共同体，是各民族在历史长河中不分开、共命运、同风雨、共荣光的共同体，是有着家人般的亲情与温暖归属的共同体。

“中华民族命运共同体”的论断引发了学术界的热烈响应，相关研究叠加跟进。例如，徐德莉指出，经济利益共同体是中华传统文化传承的物质载体，文化共同体是中华传统文化传承的精神磁场，政治共同体是中华传统文化传承的现实场域。[③]而孔亭、毛大龙认为，“中华民族共同体”概念到党的十八大之后方才逐渐成熟，是指中华各民族在历史演进中结成的相互依存、共担共享的有机统

---

① 贺国安：《中华民族与多民族共同体——兼与何叔涛同志商榷》，《中央民族学院学报》1989年第6期，第3—8页。

②《习近平在会见基层民族团结优秀代表时强调中华民族一家亲 同心共筑中国梦》，《光明日报》2015年10月1日，第1版。

③ 徐德莉：《中华优秀传统文化与中华民族共同体意识》，《光明日报》2017年4月10日，第15版。

一体和亲缘体，命运共同体是中华民族共同体的本质属性。[①] 此外，还有一些研究者从经济、文化、社会等角度解读中华民族共同体。

从目前的研究来看，大多数文章聚焦于中华民族共同体属性的讨论，这有助于我们更为全面、系统地认知中华民族共同体及其特征，但关于中华民族共同体的结构讨论还不充分。作为一个命运共同体，中华民族不是一个简单的多民族拼盘，而是一个有机的多民族统一体。作为一个实体，中华民族共同体必然有其组成结构，而且这一结构处在动态演化中，动态演化体现了共同体的内在有机性。

（二）如何认知中华民族共同体的内在有机性

内在有机性是中华民族共同体的组成结构特性。2015 年笔者尝试从格局的视角理解中华民族的内在有机性[②]，认为中华民族的内在有机性是不同民族在政治、经济、文化、社会等方面交合、融汇的特性。作为共同体的一种特性，内在有机性来源于各民族之间长期的互动融汇，在群体感知上体现为“你中有我、我中有你”，在群体关系上体现为不同民族、不同区域、不同时代的“与共”与“协同”。

内在有机性蕴含在共同体的有机成分和共性因子中。有机成分是渗透、流动、融通在共同体组成部分之间的政治、经济、文化、社会领域的内容，可以是物质形式的（生产工具、生活用具、行为

① 孔亭、毛大龙：《论中华民族共同体的基本内涵》，《社会主义研究》2019 年第 6 期，第 51—57 页。

② 严庆：《各民族交往交流交融的格局思考——从格局的视角理解中华民族的内在有机性》，载王希恩、李海红、都永浩主编《民族理论探新集：中国民族理论学会学术年会论文选（2015）》，社会科学文献出版社，2016，第 145—153 页。

方式、艺术建筑、服饰装扮等），也可以是主观形式的（态度、情感、认同、思想、意识、精神等），有机成分穿透族际边界，成为多民族共有、共生、共存、共长的融合动力。有机成分中具有共性因子，是不同民族之间的共同性因素，是多元能够缔结成一体的黏合剂，也是回答和阐释中华民族缘何能够一体的根本要素。

在中华民族多元一体的格局中，内在有机性发挥着“凝”元“结”体的功能。在社会空间意义上，内在有机性把共同体的各个组成部分“焊接”为横向有机结构；在社会进程意义上，内在有机性把共同体的过去与未来“淬火”为纵向生长结构。有研究者把中华民族族体比喻成一棵大树，把中华大地比作这棵大树得以扎根生长的土地，把中华经济、中华政治、中华文化分别比作这棵大树的根、茎、叶。[①] 这样的比喻显然是为了凸显中华民族族体（共同体）的内在有机性。木芹则使用了人体的比喻：汉族与少数民族、内地与边疆是肌肤与腹肠、肢体与手足、唇与齿的关系，也就是说中华民族是一个有机的整体。[②]

二、社会有机体、有机共同体理论视角中的中华民族共同体

如果说，共同性是共同体的灵魂，那么有机性就是共同体的血脉，血脉通则肌体活。笔者权且将一般意义上的共同体的内在有机性厘定为共同体的组成部分，尤其是具有共同因素的组成部分之间的联通性和融汇性是与机械组合、联合相对而言的。科林·贝尔（Colin Bell）和霍华德·纽比（Howard Newby）在解析出超过 90 个共

① 萧君和主编《中华民族族体论》，民族出版社，1999，第 20 页。

② 木芹：《中华民族历史整体发展论》，民族出版社，1995，第 2 页。

同体的定义之后，指出“它们之中的唯一共同要素就是人”。[①] 可以说，各种各样的人们共同体的本质是人群，人群的社会性自含不同程度的群体有机性。

（一）从马克思主义社会有机体理论看中华民族共同体的内在有机性

马克思主义者高度关注社会的有机性，认为社会是存在内部联系且动态变化的有机体，并形成了社会有机体理论。在研判社会的有机性时，马克思指出：“社会不是坚实的结晶体，而是一个能够变化并且经常处于变化过程中的有机体”。[②] 可见，马克思在建构社会有机体理论时，运用了辩证法的观点，指出有机体既是动态变化的，其构成部分又是相互联系、相互依存的。更为重要的是，马克思还通过揭示社会矛盾推动社会发展的规律，将社会的有机性赋予了发展的内涵。变化、联系、发展就是阐释社会有机性的关键词。列宁也强调，“社会是一个有机体”。[③] 可见，注重社会的有机性，将社会视为活的有机体是对马克思主义方法论的正确开启模式。而人类的交往行动和交往关系网络是社会有机性形成的条件。

社会是人们个体关系和群体关系的总和，各民族通过族际关系连缀、融汇成中华民族大社会。因而，从马克思主义的社会有机体理论视角来看，中华民族共同体作为社会共同体，必然具有内在有机性，中华民族共同体的有机性体现在横向内部关系结构的变化依

① Colin Bell and Howard Newby，*Community studies*：*An Introduction to the Sociology of the Local Community*（Westport，CT：Praeger，1973），p.15.

② 中共中央马克思恩格斯列宁斯大林著作编译局编《马克思恩格斯选集》第 2 卷，人民出版社，1995，第 102 页。

③ 中共中央马克思恩格斯列宁斯大林著作编译局编《列宁全集》第 59 卷，人民出版社，1990，第 71 页。

存中，也体现在共同体发展的辩证否定进程中。中华民族的先民们在主权国家时代之前的“家天下”时代，通过互市、和亲、朝贡、驻防乃至战争等形式发生多种联系，积聚整个社会的有机性，而“大一统”的治理模式、依存互补的经济活动、兼容并蓄的文化融汇成为有机性生成与增量的重要保障。步入现代国家时代后，以国民身份为基础，以国家疆域为空间，以国家能力（汲取能力、调控能力、强制能力）为保障，国土之上的整个社会（中华民族的社会维度）的有机性不断增强。

从共同体优化、生长、发展的角度而言，从远古到现今，整体来看，中华民族共同体的凝聚力不断增强。自公元前 221 年秦统一全国到公元 1911 年的 2 132 年中，处于分裂状态的时间只有三国时期的 60 年（公元 220—280 年），东晋十六国时的 103 年（公元 317—420 年），南北朝时的 169 年（公元 420—589 年），五代十国时的 53 年（公元 907—960 年），南宋辽金时的 152 年（公元 1127—1279 年），总共 537 年，约占四分之一的时间。由此可见，统一是主流，占据主导地位。两千多年的封建中国是一个既统一（主导）又分裂，统一中有分裂，分裂中有统一，二者不断互相交替发展的多民族国家。而统一和分裂绝不是简单、机械地相互交替，而是每次大分裂后的统一是前一次统一的前进，即更高水平上的统一。[①]“更高水平”可以视之为共同体有机性增量、优化的状况与程度。

（二）从有机共同体理论看中华民族共同体的内在有机性

有机共同体理论可以从共同体的维度，为我们分析中华民族共

① 木芹：《中华民族历史整体发展论》，民族出版社，1995，第 58 页。

同体的内在有机性提供借鉴。需要指出的是，有机共同体理论中指的共同体具有狭义性，指代的是小规模的、社群性的共同体。该理论侧重于描述人类原初的基于血缘、地缘、精神纽带的共同体及其扩展，而共同体“大”到全社会的程度，就成为基于自由主义或契约精神的个体的联合体，亦即共同体“稀薄”为社会联合体。

18 世纪晚期，在工业革命的影响下，同时伴随着现代化进程中浪漫主义和保守主义的兴起以及人类学、社会学的发轫，有机共同体（Organic Community）[①] 理念诞生，并逐步实现了理论化。作为理论工具，它强调人们共同体崇尚整体、尊重传统、尊崇自然，认为人们生活的社会政治状态应该是一种因袭传统、自然有机、相互关联、不可分离的整体，个人只有成为共同体中有机联系的一员，才能彰显出生命和生活的价值意义。

1957 年，德国社会学家斐迪南·滕尼斯（Ferdinand Tönnies）将人类群体生活中的结合类型划分为两种基本形式：有机共同体和社会（契约社会、原子社会），将有机共同体理论带入成熟阶段。他认为，共同体是凭借传统的自然情感而紧密联系在一起的有机体，共同体是古老的，社会是新的。共同体本身应该被理解为一种生机勃勃的有机体，而社会应该被理解为一种机械的聚合和人工制品。[②] 有机共同体理论鼓励共同体成员相互团结、相互依存、相互支持。与原子社会相比，有学者将有机共同体的特征表述为：整体的目标统一性、有机或内在的联系、动态或辩证的过程、“成员”形象、

---

① 在此，笔者认为 Community 更具“社群”的意涵。

② 斐迪南·滕尼斯：《共同体与社会：纯粹社会学的基本概念》，林荣远译，商务印书馆，1999，第 53—54 页。

成员之间的相互依赖、角色视角、能动或自然的功能。[①]有机共同体理论中关于有机整体的主张强调个体对于共同体的道德归属感与情感依附感，“有机共同体成为一个人身份认同的基本参照物，成为一个人价值观和美德的重要评判所在，因此，想要永久离开共同体，就需要这样一种剧烈而深刻的痛苦或创伤”。[②]

有机共同体突出了对建立在自然基础之上的血缘共同体（家庭、宗族）、地缘共同体（村庄、城市）、精神共同体（师徒、友谊）的强调，在这些纽带坚实的共同体中，有机性体现为每个部分都是必要的，并且能与其他部分很好地配合。而社会则是一种有目的的联合体，以个人、个人的自由和意志为基础，虽然也具有共同体的特点，但成员基本上是分离的，不具备血缘等纽带生成的较为充分的有机性。

应该说，滕尼斯从共同体规模发展的角度，为人们揭示了共同体的有机性从“浓稠”到“稀薄”的演变规律。从小规模的宗族共同体，到较大规模的社区共同体，再到更大规模的区域共同体，有机性渐趋稀薄。凝聚共同体的主要纽带由血缘到地缘，再到情感认同，可见共同体的纽带坚实程度和共同体的有机性之间存在正相关的联系，即共同体的纽带越坚实，有机性就越强。

有机共同体理论启示我们打造和构建共同体要注重培植和发挥纽带的作用，但其对于原子社会的研判不是有机共同体，而是从个人自由主义出发的，属于资本主义的社会观，不符合马克思主义社

---

① Ben Mijuskovic，“Organic Communities，Atomistic Societies，and Loneliness，” *Sociology & Social Welfare* 19，No. 2（1992）：147.

② Aleksandar Fatic，*Virtue as Identity：Emotions and the Moral Personality*（London：Rowman Littlefield International. Ltd. 2016），p. 245.

会有机体理论。从另一个角度看，人类社会的自生长本身也表明社会有机性不断增强。劳埃德宣称："几乎每一位当代严肃的思想家都接受有机社会理论。"同时，他又指出："事实上，不仅在政治学中，而且在我们这个时代的思想中，'有机体'这个词正被用作解开所有谜团的钥匙。"[①] 社会有机理论已经取代了流行于17、18、19世纪的社会契约论，如果说社会契约论解释了社会的形成与维系方式，那么社会有机理论则揭示了社会的本质。

认识到有机共同体理论存在的不足，并不影响有机共同体理论能让人们认识到内在有机性在不同共同体之间的差异。如果从有机共同体理论看中华民族共同体的内在有机性，至少可以有两点启示：其一，中华民族共同体的内在有机性存在局部、结点上的非均衡性。从局部看，不同民族内部的有机性强，一定区域的族际有机性强，居住距离遥远的民族群体之间的有机性弱；从结点上看，城市作为社会肌体的重要结点，形成了社区（空间）有机性。其二，伴随着社会流动性的增强，伴随着社会主义在政治、经济、社会、文化、生态等方面建设能力的增强，尤其是坚持不懈地铸牢中华民族共同体意识，中华民族共同体作为有机共同体的特征会越发明显，因为"共同建设""共同担当""共同分享""共同归属"的道德、精神要素会不断注入凝聚中华民族共同体的纽带中，并会不断生发为内在有机性。

（三）共同体的内在有机性可以生成，也可以培植

社会有机体理论和有机共同体理论为我们认知共同体的有机性

---

① Alfred H.Lloyd, "The Organic Theory of Society.Passing of the Contract Theory," *American Journal of Sociology* 6, No. 5 (1901): 577.

提供了帮助。内在有机性决定着共同体结构的致密性和团结凝聚力量的强弱，内在有机性可以从空间地域、物质利益中产生，也可以从思想信念、道德精神中衍化。共同体的内在有机性可以依托一定的条件自然生成，也可以通过治理者的主动作为建构生成。就一个多民族国家而言，依据民族、区域的原生有机共同体基础，遵循社会有机体理论，积极创造条件，进行合理的主动建构，尤其要善于发挥价值观念、政治认同的建构作用。有机共同体理论可能过于关注共同体作为客观存在的社会群体关系的特征，因而尤为关注“共同的生活地域”“共同的伦理系统”“共同的利益基础”对于内在有机性生成的作用。但人类从部落时代进入国家时代之后，超越血缘与小地域的大的“共同体”归属观念日渐突出，国家建构者也正好适应这一需求，动用各种资源，进行国民共同体的塑造，这似乎成为现代国家的必备基本功。这是因为，共同体所刻画的社会模式代表着一种类似家庭或家园的亲密关系。①

三、洞悉中华民族共同体的内在有机性

我国历史悠久、疆域辽阔、民族众多，各民族在长期的历史进程中通过统合多种要素来集聚、积淀内在有机性：分布格局的交错杂居，成为多民族社会结构、空间环境有机互嵌的基础；文化上的兼收并蓄，表明各民族在物质文化、精神文化上的有机融汇；经济上的相互依存，促进了各民族在生产生活方面的有机联通；情感上的相互亲近，则反映了各民族在族际关系上的有机互动。有机互嵌、有机融汇、有机联通、有机互动凸显出共同体内部构成的交

---

① 李义天主编《共同体与政治团结》，社会科学文献出版社，2011，第 23 页。

集、叠合、涵化、互渗、交融的态势和境况。而“你中有我、我中有你、谁也离不开谁”更是呈现出多元一体共同体的有机性，而非“多元”机械地拼接为“一体”。

研究中华民族共同体的内在有机性无疑是一个兼跨时空的宏大工程，在此，笔者仅就内在有机性生成的条件以及物质、精神两条路径作简要分析。

（一）路：实现不同民族、不同区域通达、与共的基础

路，传统意义上讲包括陆路、水路，近现代又出现了“天路”“网路”。没有路，人员、物资、文化、信息就不能流动，社会就不能实现一体化、有机化。早在周代，道路便成为判断国家兴衰的主要标志之一。王崇焕等学者将中国古代几千年来的道路分为陆路、栈道、水路和海路四种类型，这四种道路组成了古代中国广大疆域之内的交通网络。① 唐代仅从长安修建到各地的主要干道就有 17 543 千米之长，以长安为中心，八方皆有干线，例如通往西北的主要路线，从长安西北行至鄯州，再东北行到凉州，西北行到甘州，又西行到沙州，又北行到伊州，再西北行达安西都护府，全长 2 795 千米。汉、隋、唐时期，因为都以长安为首都，通往全国的交通干线稳定，北宋、元、明、清时分别以开封和北京为首都，交通的辐射中心向东、向北渐移，不过主要路线变化不大。② 而严耕望指出，依托隋代开凿的大运河和唐代由都城向外辐射出的十四条主要干道，唐朝形成了便捷的交通网络，包括从长安通往“四夷”

① 王崇焕：《中国古代交通》，商务印书馆，1996，第 7 页。

② 唐代道路干线总里数为笔者根据著作中的具体数据核算而出。参见王崇焕：《中国古代交通》，商务印书馆，1996，第 11—13 页。

的七条路。“开元盛时，凡天下水陆驿一千六百三十九所。”①

路对于中华民族共同体内在有机性的贡献主要在于促进了各种要素的流动与联通，增强了不同民族、不同区域之间的互动与依存。同时，依托便利交通条件建立起来的城镇、城市，又成为整个社会肌体的重要关节点和区域内社会建设和政治、经济、文化辐射中心，成为局部社会有机性的孵化器、路由器。从网络效应讲，商贸、迁移、战争都要依靠路的通达来实现。

“日中为市，致天下之民，聚天下之货，交易而退，各得其所。”②以商贸为例，从传说中的神农氏设立集市开始，商业贸易便成为中华民族先民们互通有无的重要途径，而道路的通达更是扩大了“各得其所”的范围和人群。在汉代，关中、巴蜀、三河、邯郸、燕、临淄、陶睢阳、宛、寿春、番禺都是颇有影响的都会；时至东汉，北与鲜卑互市，东与岛夷通商，南接蛮辽，西通大秦；金与宋互市，在泗、寿、唐、邓、颖、蔡、凤、密、巩、洮等地设有榷场，金与西夏在保安、兰州、环州、绥德州也设有榷场。③可以说，伴随着商业在路途中流动的不仅是商品和人员，还有工艺、技术、贸易规则、文化和思想等，这些要素大多会转化为不同民族、不同区域之间的共性成分以及共享利益，进而成为不同民族、不同区域联结、融汇为共同体的内在有机性。

再以迁移为例，沿路而下，到达理想之地通常是迁移的基本选择。秦汉至南北朝时期出现了我国一次大规模的民族人口迁徙，王

---

① 严耕望：《唐代交通图考》第一卷，上海古籍出版社，2007，第 5 页。

② 王孝通：《中国商业史》，团结出版社，2007，第 5 页。

③ 同②，第 55—56、68 页。

朝的统治者采用多种形式吸引甚至强制原居住在我国北方和西部地区的匈奴、氐、羌、羯、鲜卑等少数民族南迁，达致“关中之人，戎狄居半”的程度。从唐末五代至辽金元时期，是我国历史上又一次民族人口大迁徙时期，大量蒙古、女真、契丹、突厥、党项等民族人口以入侵及迁居方式进入内地，出现了广泛的民族融合、同化现象。“徙民实边”“洪武开滇”“湖广填四川”“内附入塞”等说法都成为不同时代、不同区域各民族人口迁移的真实写照。

（二）家：赋予中华民族共同体情感有机性

家是每个人成长的出发地，也是每个人情感驻守的大本营，家对中国人来讲有着深厚的道德归属感和责任感。由家及家族、宗族、社群、民族、国家、天下，是中国人的认知次序，由家出发的共同体感知和共同体建构自带亲和感，将亲和感扩展就是仁的道德原则、标准与境界，也是人与人相互友爱、帮助、同情的行为规约。古代“四海一家”“天下一家”“华夷一家”的理念和我们当下所喻的中华民族大家庭，都以家或拟家的情感有机性来看待族际关系。尽管在阶级社会这种崇高的道德基色不时被民族狭隘、歧视、疏离的杂色浸染，但强大的道德力量总能感染拥有良知者将家或拟家的情感有机性延续和放大，直至平等团结互助和谐的社会主义民族关系的建立。

中华民族多元一体格局中的“多”和“一”，有内在的统一，是有机的联系，两者辩证统一。[①] 从情感维度讲，各民族之间的相互亲近及其所体现的情感有机性是大家庭和谐温馨的基础。与家相

① 国家民族事务委员会编《中央民族工作会议精神学习辅导读本》，民族出版社，2015，第30页。

联系的是一系列社会伦理准则，例如贵“和”、兼“爱”、尚“礼”等，这也表明：中国人历来重视群体，重视人际关系的和谐，由此而产生的人与人之间的亲和力，是中华民族内在凝聚力的一个重要体现。[①]如果把家引升至家国同构的高度，那么爱家也就扩展为爱国主义的情愫。爱国主义是中华民族的传统与美德，尤其到了近代，当中华民族有了现代主权国家的“硬壳”之后，促进国家建设与中华民族伟大复兴便成为互建互构的民族（nation）与国家（state）。民族凝聚力是爱国主义传统的内化形式。没有爱国主义传统的民族只能是一盘散沙，没有号召力，也就没有向心力和凝聚力；缺乏每一个个体于心灵深层的真正加入，维系这个民族的内在纽带松脱了，民族发展的源泉枯竭了，最终将滑向衰亡。[②]从情感维度最能描摹中华民族共同体的内在有机性，而“中华民族大家庭”则是浸透情感的有机共同体。

以“路”和“家”作为解析中华民族共同体内在有机性的切入点未免显得过于微观，但笔者深信从“家”出发，沿“路”走向八方，定能感悟到宏大的共同体，因为再大的共同体都是由全息化的小部分构成的。一些学者通过建立更为宏观的模式旨在解释中华民族以及多民族国家的形成与发展，无论是“滚雪球式”[③]“搅拌式”[④]“旋涡模式”[⑤]，还是“家国天下连续体”[⑥]，这些分析模

① 张岱年主编《心灵长城：中华爱国主义传统》，安徽教育出版社，1995，第 262 页。

② 同①，第 14 页。

③ 徐杰舜主编《雪球：汉民族的人类学分析》，上海人民出版社，1999，第 1—12 页。

④ 田晓岫：《中华民族发展史》，华夏出版社，2001，第 20 页。

⑤ 赵汀阳：《惠此中国：作为一个神性概念的中国》，中信出版社，2016，第 19—50 页。

⑥ 许纪霖：《现代中国的家国天下与自我认同》，《复旦学报》（社会科学版）2015 年第 5 期，第 46—53 页。

式都为回答和佐证中华民族共同体的内在有机性提供了启示。

四、不断增强中华民族共同体的内在有机性

20世纪60年代，李维汉将当时我国的民族状况概括为六个方面：民族数量多，各民族人口数量十分不平衡；少数民族虽然人口很少，但是分布的地区很广；各民族社会发展很不平衡，甚至在同一民族内部也发展很不平衡；中央集权的封建国家早已建立且长期存在，但在一部分民族地区则保留着封建领主制度或者原始氏族部落制度；少数民族大都有很深的宗教信仰，不少民族还保持全民族信仰某一宗教的现象；革命发展的不平衡。[①]在今天看来，这些特点对于理解和增量中华民族共同体的内在有机性仍具有启示意义。那就是，不同民族、不同地域嵌合在中华民族共同体中的态势、位置、程度不同，各自族体内部的有机性、族体之间的内在有机性、共同体整体有机性之间也需要有机型塑、焊接。

中华民族共同体的内在有机性自近代以来不断得到加强。就外部因素而言，外国列强的入侵尤其是日本军国主义的侵略，整体上促进了国人对于中华民族的自我认同和团结联合。就内部因素而言，伴随着新民主主义革命的胜利，中国共产党作为中华民族的先锋队，通过统一战线、群众路线、武装斗争、组织建设等措施促进了国内各种政治力量、各阶级阶层、各民族之间的政治团结，特别是中华人民共和国成立之后，经过民主改革，我国进入了社会主义阶段。伴随着国家建设进程的推进，人民当家作主的政治制度促进

---

① 李维汉：《中国各少数民族和民族关系》，载国家民族事务委员会政策研究室编《中国民族关系史论文集》上集，民族出版社，1982，第99—115页。

了各民族成员的政治认同和国民意识，政治领域和政治生活中的有机性空前提升；社会主义市场经济以及共同富裕的政策措施，将不同区域、不同民族联结于生产、交换、分配的同一张大网上，经济领域和物质生活中的有机性不断提升；意识形态宣传、国民教育引导、社会主义文化建设等促进了中华民族在思想意识、道德精神、文化生活中的内在有机性；流动的社会、互嵌的结构、包容的心态等促进了中华民族在社会生活中的内在有机性。总之，社会主义时期是各民族共同因素不断增多的时期，共同因素的增量以及尊重差异、兼容并包的价值取向都为中华民族共同体内在有机性的不断增强创造了条件。

新时代增强中华民族共同体的内在有机性可选择两条路径，即物态路径和心态路径，内在有机性是蕴含在物态和心态之中的。物态包括物质产品、物态文化、物态空间和物质利益，具有客观性；心态包括人文情怀、人际态度、社会心态等，具有主观性。

具体而言，物态路径中的有机性主要通过“物”的流通与“利”的互惠生成。一方面，我们应当重点立足“现在”，通过发挥社会主义制度的优越性，实现资源、技术、人力等要素的有效调配，寻求综合发展，不断满足人民的物质获得感，不断实现人民的共同利益，让各民族在共同奋斗、共同创造、共同分享、共同繁荣中相依共存、守望相助，不断改善物质生活条件，不断积累物质财富。尤其要精于发挥经济领域的融汇共赢效应，围绕就业交融、产业通融、事业熔融构建有机性。另一方面，还要善于从“过去”留存的文物、建筑、器具、服饰等物态文化中，从回溯中华民族在创造物质财富和物态文化的历史中，体验各民族在材料、技术、美学、工艺等方面的相互借鉴和互动交流，感悟物态有机性给中华民族带来的有益影响。心态路径中的有机性主要通过包容差异、亲和他者、认同交融生成，不当心态需要矫正，良好心态需要培塑，整体心态需要管理。民族共同体的团结与凝聚在于“心往一处想”，不同个体与群体实现心境、心气的有机嵌合，心态秩序才能得以优化。“教化”是引导人群与社会的重要依托，中华民族具有崇尚道德伦理、精神道义的传统，而思想、精神层面的心态有机性的形成必然要以认同为基础，因而这就需要治理者和全社会深化意识形态教育、价值观教育、民族团结进步教育、理解包容教育等内容，力求教育效果触及心底，撒种心田，化为心态。

总之，无论是应对激烈复杂的国际竞争，还是完成中华民族复兴的伟业，都需要不断增强中华民族的包容力、凝聚力，需要不断增量、增强中华民族共同体的内在有机性。应该注意的是，有机性不是同质性，有机既包含对差异、异质的容纳、组合，也包括对共性、同质的积聚、生发。内在有机性与中华民族多元一体格局相对应，并取向于一体格局的优化。

当代中国多民族国家建设的理路及其时代价值

——兼论中华民族共同体意识的铸牢策略[①]

一、“多民族国家建设理路”命题的提出

多民族国家在一定程度上既可能受益于民族多样性带来的多元文化和多元智慧，也可能受累于民族多样性引发的族际利益纷争、族际冲突以及族类群体与国家之间的冲突。这些冲突不仅会影响多民族国家的安全与稳定，甚至会威胁多民族国家的完整和统一，乃至引发区域和国际政治动荡。近代以来，多民族国家内部的纷争不断将多民族国家建设问题推向政治学研究的中心议题，并在主权国家和国际社会层面被探讨。探讨的焦点是究竟以何种理念和路径处理多民族国家内部“一体”与“多元”的关系，才能导向相对成功的多民族国家建设实践，这也是政治家和研究者们孜孜以求的现代国家建设和民族建设的破题之道。

① 本文系 2018 年度教育部哲学社会科学研究重大课题攻关项目“健全民族团结进步教育常态化机制研究”（项目编号：18JZD054）的阶段性成果。本文原发表于《探索》2021 年第 3 期。第二作者于浩宇为中央民族大学民族学与社会学学院民族政治学专业博士研究生。

治理者在不同的时间与国度极力探寻多民族国家建设的成功之路，在诸多选择与实践中，有两条理路（主要指理念和路径）逐步凸显出来。其一是以中华民族大家庭理念、中华民族共同体理念和中国特色解决民族问题的正确道路为基点的中国多民族国家建设理路。其二是以多元文化主义为核心的西方多民族国家建设理路。两条理路也分别代表了东方和西方在看待和处理“一体”与“多元”关系上的不同理念与实践路径。尽管国内外关于哪一条理路更为优越的问题还未形成共识，但中国多民族国家建设理路的巨大成功却是不言自明的。本文旨在突破两条理路各具价值、难以比较的相对主义论断，立足于中国的历史、文化与国情，着力探讨中国多民族国家建设理路的政治智慧、深刻意涵和比较优势。

（一）多民族国家建设的意涵

政治家马西莫·达·阿泽廖（Massimo d'Azeglio）曾指出，“意大利是制造出来的，现在我们必须制造意大利人”，在一定程度上而言，“制造意大利人”的过程也就是多民族国家建设的过程。然而，多民族国家建设本身是一项系统而繁杂的政治工程，因而需要厘清多民族国家建设的深刻意涵，以便进一步探讨多民族国家建设的理路。

一是民族国家建设、主权国家建设与多民族国家建设的辨析。一直以来，民族建设（侧重于民族国家建设）与国家建设（侧重于主权国家建设）两个术语表现出交替使用的趋势，这在一定程度上混淆了两个不同但又密切相关的政治发展进程（也是政治建设工程），也模糊了民族与国家在国家形成和发展进程中高度相关的关系。如果从一般意义上理解民族国家建设与主权国家建设的概念，前者建立在民族情感、身份或意识的基础上，所解决的是缺乏认同与合法性的问题；后者建立在国家能力、机构与制度的基础上，所解决的是缺乏权威和能力的问题。① 多民族国家建设侧重于在发生分裂和冲突的国家建立社会凝聚力和归属感，以此作为国家在税收、正义和经济发展方面接受并忠于国家的基础。② 由此可见，多民族国家建设本意上是一种民族国家建设，且作为主权国家建设的一种补充，业已成为国家建构议程的重要组成部分，其意义与价值不容置疑。忽视民族国家建设与主权国家建设的并行性乃至趋一性则难以洞悉多民族国家建设的复杂性与微妙性，忽视任何一个方面都是片面的。尤其是社会主义国家，人民民主的政治价值将两者有效地糅合起来，因此多民族国家建设是一个应该重点研究的议题。

二是政治整合与国家认同是多民族国家建设的主要面向。关于多民族国家建设缘何发生，学者们通常从殖民主义和自由主义的视角进行解答。一方面，对于大多数后发多民族国家而言，殖民者的入侵导致一些已经融入整体社会的民族被打散，而另一些没有共同特征的民族被整合在一起，这在一定程度上导致了多民族国家建设的需要。③ 另一方面，就部分老牌“民族国家”而言，对于自由主义的尊崇使其误解了人们对特定身份的需要，从而将普遍身份置于特殊身份之上，致使政治共同体的空洞化和国家的弱化④，多民族国家建设被视为解决这一问题的可能方式。同时，现代国家的

---

① J.J. Linz, “State building and nation building,” *European Review*, No. 4（1993）: 355—369.

② A. Wimmer, “The location and purpose of wars around the world: a new global dataset, 1816—2001,” *International Interactions*, No. 4（2009）: 390—417.

③ E.K. Francis, “The ethnic factor in nation-building,” *Social Forces*, No. 3（1968）: 338—346.

④ Y. Tamir, *Why Nationalism*（Princeton: Princeton University Press, 2019）, p. 54.

综合竞争也强化了对于多民族国家内在凝聚力的打造。多民族国家建设主要包括两个面向：政治整合与国家认同。安德烈亚斯·威默（Andreas Wimmer）称其为多民族国家建设硬币的两面[①]，这也意味着多民族国家建设必须同时兼顾政治整合和认同培塑。具体而言，政治整合是以权力为核心的政治力量的协调、集聚，国家认同侧重于情感与忠诚上的国家归属培塑。

三是国家主导与社会推动是多民族国家建设的动力来源。多民族国家建设事关民族之整合与民族情感之凝聚，通常是由多民族国家自主推动的自上而下的建构工程。本文旨在于内源型多民族国家建设的框架下探讨多民族国家建设问题，而不考虑国际组织、世界强国等外部行动者对于多民族国家建设的影响。在这一限定内多民族国家建设的动力主要来源于两个方面：一方面是国家层面的主导，即治理者立足建设需要、锚定建设目标，通过制定法律、设计制度、实施政策等来实现国家的政治一体化，培塑不同民族的国家认同感；另一方面是社会层面的推动，即发挥社会力量在多民族国家建设中的作用，表现为与民族相关的社会组织、社会活动、社会教育等发挥促进多民族国家建设的作用，尤其体现在对国家认同构建的影响方面。整体而言，多民族国家建设是在国家与社会（民族）的相互作用、共同推动下展开的，是自上而下和自下而上的多民族国家建设力量的耦合共振。

关于多民族国家建设意涵的探讨和厘定，一方面缩小了多民族国家建设的研究范围，削弱了外部干预和主权国家建设等干扰变量

---

① A. Wimmer，*Nation Building*：*Why Some Countries Come Together While Others Fall Apart*（Princeton：Princeton University Press，2018），p. 2.

对于研究议题的影响；另一方面也明确了多民族国家建设的内容和主体，增加了研究的针对性和靶向性。

（二）多民族国家建设的理路

多民族国家建设理路主要包含多民族国家建设的理念和路径。作为理念，多民族国家建设反映和践行的是建设主体看待和处理多民族国家内部“一体”与“多元”关系的价值判断和基本主张，是一个理性概念，通常源于多民族国家建设的理论探索与实践总结，并对多民族国家建设实践发挥着重要的指导意义。首先，从生成层面来看，多民族国家建设理念通常是基于理论探索、现实需求、实践检视而提出的，具有相对稳定性，但同时也会不断被调整和修正。其次，从内容层面来看，多民族国家建设理念是多民族国家建设主体关于多民族国家发展与建设的价值取向和行为依据，不同的多民族国家建设理念往往导向于不同的路径。最后，从应用层面来看，多民族国家建设理念是多民族国家建设实践的指导，多民族国家建设的法律依据、机构设置、制度保障、政策支持等通常都是围绕特定的多民族国家建设理念设定和实施的。

作为路径，多民族国家建设通常可以从三个方面来理解：其一为多民族国家建设理念的一种实践形式，在一定意义上而言是对多民族国家建设理念的落实和检验。其二为多民族国家建设中所采用的法律、制度、政策和机构等的总称，是一系列多民族国家建设实践的合集。其三为多民族国家建设的一个政治变迁过程，正如一些学者所指出的，“当我们讨论国家建设时，其实是指一个过程，通过这个过程，我们使国家由现有的类型转变为我们所预想的某种类型”。[①] 通常情况下，多民族国家国情的改变以及多民族国家建设理念的嬗变，都会导致多民族国家建设路径的变化，主要表现为与政治整合和国家认同培塑相关的法律、制度、政策和机构的调整与改变，并在一定程度上表现出路径依赖的特征。由此亦可以看出，多民族国家建设路径不仅是时代的智慧产出，同时也是历史的实践承接。

综上，多民族国家建设理路实际上包括两个部分，一为多民族国家建设理念，二为多民族国家建设路径，两者之间具有作用与反作用的关系，既是多民族国家看待和处理“一体”与“多元”关系的理念与实践路径，也共同影响着多民族国家建设的走向和成效。

二、当代中国多民族国家建设秉持的基本理念

多民族国家建设发生在业已界定的领土范围内，并受到历史要素与现实要素的影响。于中国而言，久远的国家建设历程中积淀的丰厚的政治传统和稳定的文化秩序，影响并决定着当代中国多民族国家建设理路的底色。中华人民共和国成立后日渐确定的地缘格局、民族结构和社会制度为当代中国多民族国家建设提供了现实基础，并成为中国共产党确立和践行多民族国家建设基本理念不可缺少的条件。多民族国家建设是一项庞杂而系统的工程，所遵循的理念往往是围绕着某个核心理念而构成的复合理念体系。本文关注中国多民族国家建设理念最核心的部分，以此作为理解当代中国多民族国家建设的起点。当代中国多民族国家建设理念汲取了中华民族传统文化、马克思主义民族理论和中国特色社会主义民族理论的智

① 韩奇：《国家建设：视角、逻辑与内涵》，《求索》2011 年第 1 期，第 69—71 页。

慧精华，是新中国成立后为顺应中华民族伟大复兴的时代诉求、顺应中国民族理论发展的思想诉求、顺应中国民族问题演化的现实驱动而逐渐发展起来的。如何实现各民族的团结、凝聚与发展是其核心关切。此外，“人民当家作主”“为人民服务”的政治建设主张与实践，破解了传统社会难以克服的阶级政治、族裔政治的局限性，阶级的纵向对立、族类群体的横向区隔被“无产阶级”和“人民”团结打造为上下一致（压迫阶级消失）、左右一体（民族隔阂消除）的政治共同体，这也是理解中国政治格局和社会结构的重要出发点。

（一）基本理念之一：中华民族大家庭

从王朝国家时期的夷夏观到民国时期的国族主义理念，中国的多民族国家建设理念一直沿着“和而不同”的主线展开，体现了中国多民族国家建设理念的变与不变。新中国成立后，多民族国家建设实践进入一个新的历史时期，从“国家大家庭”到“中华民族大家庭”，强调各民族自由平等、友爱合作的“大家庭”叙事逐渐凸显，在此基础上形成的中华民族大家庭理念成为指导当代中国多民族国家建设的核心理念。2014 年，习近平总书记在中央民族工作会议上第一次清晰地阐释了中华民族大家庭的内涵：“中华民族和各民族的关系，是一个大家庭和家庭成员的关系，各民族的关系，是一个大家庭里不同成员的关系。”① 从而将“中华民族大家庭”这一惯常用语具体化，并被社会广泛地认知和内化。需要注意的是，和合价值的哲学、天下一家的道德、仁治天下的中国传统是萌生和传

①《中央民族工作会议暨国务院第六次全国民族团结进步表彰大会在北京举行》，《人民日报》2014 年 9 月 30 日，第 1 版。

承“大家庭”理念的基础，这与西方通过契约精神和宗教纽带缔结的人们共同体是不同的。中国的治辖之术与实践自带道德“温暖”，传续的是“情感政治”或“人心政治”。

中华民族大家庭理念使用了“家”的政治隐喻，将中华民族比喻为一个由各民族共同构成的大家庭，各家庭成员之间表现出利益相关、命运与共的家人关系，体现了有温度、有情怀的“家”的归属，强调“家里的事好商量”，“一家人不说两家话”。这一理念通俗易懂，易被感知也易被传播，契合中华文化因而深入人心，具有自然而然的中国本土象征意义，符合家国情怀的扩展与升华。中华民族大家庭与西方“民族即家庭”（nation as family）是不同的。依据中国作为统一多民族国家的历史和现实国情而言，秉持人民大家庭的社会主义国家观、各民族大家庭的中华民族观，借助大家庭及其负载的情感和道德意涵，能够更好地将国家建设与国族建设贯通，更能发挥出“情感政治”和“人心政治”的积极效能。[①]

（二）基本理念之二：中华民族共同体

中华民族共同体理念源于中国民族问题演化的现实驱动，是应对全球化和国际竞争的一种新的话语表述，被视为新时代中国多民族国家建设的“新的文化政治理论”[②]。从过去、现在、未来的角度看，中华民族共同体是各民族荣辱与共的命运共同体；从结构要素的角度看，中华民族共同体是政治、经济、文化、社会、精神的多维共同体。伴随社会主义的发展，各民族间的共同体因素不断增

---

① 严庆：《中国特色民族理论话语中的“大家庭”解读》，《中南民族大学学报》（人文社会科学版）2020 年第 6 期，第 22—26 页。

② 关凯：《建构中华民族共同体：一种新的文化政治理论》，《中央社会主义学院学报》2017 年第 5 期，第 71—77 页。

多，共同体团结的有机性不断增量。在此基础上生成的中华民族共同体意识是马克思主义民族理论中国化的最新成果，具有深远的战略意义，不仅能够消抑来自多民族国家内部可能的、潜在的“分离”影响，还能够应对来自外部的“解构”影响。此外，从理论和实践两个维度而言，凸显共同体意识也能够克服“多元文化主义”内在的弱化“一体”的不足。

习近平总书记在第二次中央新疆工作座谈会上指出，“要高举各民族大团结的旗帜，在各民族中牢固树立国家意识、公民意识、中华民族共同体意识，最大限度团结依靠各族群众，使每个民族、每个公民都为实现中华民族伟大复兴的中国梦贡献力量，共享祖国繁荣发展的成果”。[①] 由此，中华民族共同体理念被视为“统筹处理新时代国内民族问题的思想纲领，具有再释中华民族的概念学创新意义”[②]，并与中华民族大家庭理念相辅相成，在中华民族多元一体格局的理论支撑下共同影响着中国多民族国家建设的进程。相比于中华民族大家庭的道德温暖，中华民族共同体则增加了现代政治中权利、义务及认同的剂量。

（三）基本理念在实践中的统一

中华民族大家庭理念和中华民族共同体理念都承认和尊重“多元”，同时强调并落脚于“一体”。一方面，中国通过政府识别的方式承认国内56个民族的身份、语言、文字与文化，以此作为依据制定相应的制度、法规和政策，以保障各民族的合法权益，推动各

---

①《坚持依法治疆团结稳疆长期建疆 团结各族人民建设社会主义新疆》，《光明日报》2014年5月30日，第1版。

② 张三南：《“两个共同体理念”与马克思主义民族理论中国化》，《学术界》2020年第1期，第65—77页。

民族繁荣发展。另一方面，不论是中华民族大家庭理念，还是中华民族共同体理念，“大家庭”与“共同体”所表意的都是一种和合的价值与导向。在这样的理念指导下，当代中国的民族关系被描述为家庭成员与大家庭的关系、各民族与中华民族共同体的关系，构成了中国各民族互惠共生的关系结构。在这种关系结构中，中国的多民族国家建设理念既讲民族权利，也讲民族义务，并以国家根本大法——宪法的形式确定下来。

当代中国多民族国家建设理念指向于一个承认与包容、平等与参与、统一与发展的现代多民族国家。第一，承认与包容指出了在多民族国家建设实践中应该如何认知与塑造民族身份和民族关系：承认意味着在多民族国家建设过程中国家承认各民族的民族身份，并在此基础上保障其各项权利；包容意味着在承认民族身份、保障民族权利的基础上，使各民族相容于统一的国民身份。第二，平等与参与旨在保障和促进国内各民族的平等权和参与权，是协调“一体”与“多元”关系的重要手段。需要指出的是，中国多民族国家建设理念强调的是各“家庭成员”亦即各民族之间的平等与参与。第三，在全球化的压力下，民族问题变得更为复杂，甚至超出主权国家的边界，在这一形势下，统一与发展对于多民族国家建设而言愈发重要。

综上，当代中国多民族国家建设理念以中华民族大家庭理念和中华民族共同体理念为主要内容。前者是对中国自古以来“天下一家”传统的继承，在中华民族对抗外来侵略、推动当代中国多民族国家建设的过程中发挥了重要的整合与凝聚作用；后者是对中华民族大家庭理念的继承与推新，是应对全球化和国际竞争的一种新的话语表述和理念回应。两者相辅相成、共同发力，引领和指导着当代中国多民族国家建设的实践进程。

三、当代中国多民族国家建设的主要路径

多民族国家建设的面向主要包含政治整合和国家认同，前者意味着一种有序的状态[①]，需要法律、制度和政策的规范与保障；后者代表着一种关于国家的归属感、依附感和认同感，需要国家和社会的共同培塑与构建。

（一）政治整合的实践路径

从政治整合的层面来看，法律、制度、政策是实现多民族国家内部“一体”与“多元”和谐关系和有序状态的依据、保障和支持。有研究者指出，成功的多民族国家建设的一个重要内容便是“通过国家制度安排和政策手段积极地将不同民族群体整合进共同体中，以减少多民族群体性带来的政治影响”。[②]衡量政治整合既要重视信度、效度，更要注意“谁整合”“为了谁整合”，以及整合主体的意志与整合客体的利益是对立还是统一的。毋庸置疑，中国政治整合的主体意志与客体利益是统一的，统一于“人民当家作主”和“为人民服务”。

其一，中国多民族国家建设的法律依据。当代中国多民族国家建设是在一套系统的法律框架下推进的，宪法扮演着至关重要的角色。关于民族身份和民族权利的确定与规范深刻影响着多民族

---

① 常士訚：《合族之道的反思：当代多民族国家政治整合研究》，天津人民出版社，2018，第 24 页。

② 高永久、左宏愿：《论现代国家构建中的民族政治整合》，《南开学报》（哲学社会科学版）2018 年第 1 期，第 117—123 页。

国家建设的下位法律制定、制度设计和政策实施。具体而言，《中华人民共和国宪法》在提及民族身份时使用了“各族人民”“各民族”“各民族公民”“各少数民族”“少数民族”“多数民族”等多种表述形式。在“个体—群体”的范畴内进行考量和分析，个体层面的民族身份包括“各族人民”和“各民族公民”，与此相关的宪法权利包括私有财产权、平等权、人权、选举权与被选举权等一般性公民权利。群体层面的民族身份包括“各民族”“各少数民族”和“多数民族”，与此相关的宪法权利包括民族平等权、免受歧视和压迫权、经济文化发展权、民族区域自治权、使用和发展本民族语言和文字权，以及保持或改革本民族风俗习惯权等特定民族权利。由此可见，宪法关于民族身份的确定兼具公民身份和民族身份之意，并在此基础上制定了详细的权利清单，表现出明确的接纳主义倾向，旨在建立起“人民共和国”和“民族共同体”的双重政治实体和国民认同体系，以便将每个公民、每个民族都纳入多民族国家建设的主体中来。

其二，中国多民族国家建设的制度保障。制度是推进多民族国家建设进程的重要保障，包括政党制度、代议制度等。在多民族国家建设的视域下，自治制度涉及宪法赋予的特定民族权利的落实与保障，被视为调处多民族国家内部“一体”与“多元”关系的一种最为重要的制度类型。正如托马斯·本尼迪克特（Thomas Benedikter）指出的，少数民族必须在与其传统领土有关的某些条件下享有群体的自治权利，以纠正他们在民族国家中所面临的结构上的不平等。[①] 中国实行单一制下的民族区域自治制度，即在中央政府的统一领导下，各少数民族聚居的地方实行区域自治，设立自治机关，行使自治权，各民族自治地方都是中华人民共和国不可分离的部分。民族区域自治制度是“中国特色解决民族问题的正确道路的重要内容和制度保障”[②]，中国共产党的领导和民主集中制是其基本原则，统一与自治相结合、民族因素与区域因素相结合是基本特征，实现各民族的共同参与、协作治理是主要目标。进一步而言，中国的民族区域自治制度所体现出来的是一种积极整合的制度逻辑，这意味着“民族区域自治的实施及其发展和演变，要在维护国家统一和团结的前提下来实现少数民族的政治权利，实行区域自治的民族要维护好其他民族的权利，并运用自治权来促进区域发展”。[③] 积极整合的制度逻辑有利于将各少数民族整合进统一的国家体制中，同时预防、消除或缓解基于文化特殊性的族群冲突。[④]

其三，中国多民族国家建设的政策支持。多民族国家建设需要一定的民族政策支持。一方面，作为处理民族问题的一系列措施和规定的总和，民族政策在多民族国家建设过程中充当着重要的整合工具，规范着民族社会生活中诸多方面的事务。另一方面，民族政策通常是落实宪法规定的民族权利的重要方式，因其往往施惠于民

---

① T. Benedikter, “What is political autonomy about? Fundamental features of political autonomy,” in *Solving Ethnic Conflict Through Self-Government: A Short Guide to Autonomy in Europe and South Asia*, ed. Benedikter T. (EURAC Research, 2009), p. 6.

② 张来明：《坚持和完善民族区域自治制度》，《光明日报》2019 年 12 月 5 日，第 8 版。

③ 周平：《民族区域自治制度的内在逻辑》，《学术界》2019 年第 6 期，第 5—18 页。

④ 关凯：《族群政治》，中央民族大学出版社，2007，第 173 页。

族，因而在多民族国家建设中也承担着凝聚国家认同的作用，旨在培塑各民族的政策认同。中国的民族政策是以宪法及相关法律法规作为依据而制定的，形成了由总政策、基本政策和具体政策构成的政策体系。由于中国的民族政策是在中国共产党统一领导、统筹兼顾的整体性框架下制定和实施的，其适用对象是国内的所有少数民族或者区域内的多个少数民族，而非某个单一民族；其内容通常涉及少数民族生存与发展的方方面面，而非某个特定方面；其目标取向是各民族共同团结奋斗、共同繁荣发展。因此，中国的民族政策对于改善并促进各民族的经济发展与区域建设、教育发展与人才培养、语言文字普及与文化保护，进而实现区域协调发展、民族协同发展具有重要意义。

（二）国家认同的培塑路径

从国家认同的层面来看，多民族国家建设旨在构建一种统一的包容性国民身份，以解决政治共同体空洞化和国家弱化的问题，对于维持政治社会秩序至关重要，不仅可以增强人身安全、激发良好的治理，还可以促进经济发展、增进公民之间的信任。① 换句话说，国家认同是多民族国家存在的基础，构建国家认同因而成为多民族国家建设的根本任务。②

国家主导的国家认同培塑实践散见于日常生活的方方面面，如国家象征、共享价值观和国民教育等。首先，在多民族国家建设过程中国家认同培塑通常依赖多种资源，国家象征是其重要资源之

① Fukuyama F.，“Why National Identity Matters，” *Journal of Democracy*，No. 4（2018）：5—15.

② 周平：《民族国家认同构建的逻辑》，《政治学研究》2017 年第 2 期，第 2—13 页。

一[1]，不仅可以为国民提供关于国家的共同理解[2]，在国民与国家之间建立起日常联系[3]，还可以激发国民的爱国主义情绪[4]。中国的国家象征既包括国旗、国歌、国徽和首都等象征，也包括汉字、长江、黄河、长城、瓷器、熊猫、牡丹等非官方认可但与中国人的身份和认同紧密相关的象征和标志，其背后是中国悠久的历史文明、伟大的科技创造和勤劳智慧的文化基因。其次，“关注人类命运的人文社会科学，不能不涉及价值问题。关注价值问题，不能不关注共享价值问题”。[5]当代中国人的共享价值观在很大程度上即为社会主义核心价值观。共享价值观不仅指明了社会发展的价值取向[6]，构建了社会心态的伦理秩序，还奠定了社会团结的共识基础[7]，是国家主导的认同培塑实践的重要内容。最后，教育对于多民族国家建设而言至关重要，既是国家进行治理的重要场域，也是培塑国家认同的重要工具。[8]中国的国民教育除了一般性的通识教育之外，还包括开

---

① 殷冬水：《国家认同建构的文化逻辑——基于国家象征视角的政治学分析》，《学习与探索》2016 年第 8 期，第 74—81 页。

② D.A. Butz，“National Symbols as Agents of Psychological and Social Change，” *Political Psychology*，No. 5（2009）：779—804.

③ K.A. Cerulo，“Symbols and the World System：National Anthems and Flags，” *Sociological Forum*，No. 2（1993）：243—271.

④ J.E. Fox and Miller-Idriss C.，“Everyday Nationhood，” *Ethnicities*，No. 4（2008）：536—563.

⑤ 徐德明：《论进步人类共享价值体系》，《人文杂志》1996 年第 6 期，第 28—33 页。

⑥ A. Inkeles，*What is sociology？ An introduction to the discipline and profession*（New Jersey：Prentice Hall，1964）.

⑦ R. Lane，“The sociology of the parish：Fichter's work and beyond，” *Sociology of Religion*，No. 4（1996）：345—349.

⑧ R. Desjardins，“The precarious role of education in identity and value formation processes：The shift from state to market forces，” *European Journal of Education*，No. 2（2015）：134—146.

展一些致力于国民团结、包容和发展的专门性教育，如爱国主义教育、国家通用语言文字教育和民族团结进步教育等。国家主导的认同培塑实践是国家意志与价值观社会化的过程，以此构建起一种统一的国民身份，凝聚各族人民的国家认同感。

在中国的多民族国家建设中，非政府组织发挥了重要的作用，尤其是在民族工作社会化的背景下，这种作用愈发凸显。社会推动的认同培塑主体主要为各种类型的民族社团，包括学术性民族社团、行业性民族社团、专业性民族社团和联合性民族社团，是由各民族成员自愿组织参与的、具有一定组织结构和章程的非营利性社会组织。在中国多民族国家建设中，民族社团的作用主要体现在三个方面：一为理论指导和实践参考，二为帮扶解难和促进发展，三为关系促进和网络构建。在此过程中，社会资本不断积累与增量，一种基于互助、互爱、互相理解之上的和谐民族关系得以建立起来，增强了民族成员之间的依赖感、归属感和认同感。

基于以上分析，法律上的接纳主义、制度上的积极整合、政策上的统筹协调和认同培塑上的国家、社会共同发力是中国多民族国家建设路径的特征。在处理“一体”与“多元”的关系时，中国多民族国家建设理路以“统一中的差异”和“一体化的多元”作为基本进路，在国家一体化的基础上尊重和维护民族的多样性特征。这不仅意味着对于国家完整性、统一性和主导性的绝对强调，还意味着通过法律、制度、政策的制定与落实，将各族人民纳入一个由户籍、交通、通信、电力、商贸、医疗、互联网等共同构成的统一网络中，以此构建起一个统一凝聚的国民共同体。需要指出的是，在理解“多元”与“一体”的辩证关系时，不能简单、机械地将两者作为“两个端点”进行比较，因为“多元”与“一体”本身是相互融渗的。中国哲学中的“多”与“一”是相对的，即“一”与“多”互相包容而为一体，并没有一个在“多”之外的“一”，亦没有一个在“一”之外的“多”。在崇尚和合的哲学中没有“一”与“多”对立之论。因而多元一体的中国话语不存在两端对立的潜认知，不深知这一点，就难以把握多元一体的本义。

四、当代中国多民族国家建设理路的时代价值

多民族国家建设是政治家和研究者一直致力于破解、探索的重要政治实践命题。中国多民族国家建设理路生成于中国的政治智慧、文化传统和国情需要，具有深厚的内生性基础，体现出鲜明的中国特色，不仅对铸牢中华民族共同体意识具有重要的启示意义，也是当今世界较为成功的多民族国家建设示范。

（一）为铸牢中华民族共同体意识提供方向

在中国的国家情境中，多民族国家建设即为中华民族建设，亦即中华民族共同体建设，目的是实现中国境内各民族以政治一体化为核心的多维一体化，培塑各民族、各族人民的国家认同感。就当前来看，铸牢中华民族共同体意识既是其核心内容，也是主要任务，在中国的多民族国家建设议程中居于首要位置。综合考量中国多民族国家建设理路的意涵与机理，结合中国多民族国家建设的具体情况，坚定中国多民族国家建设的理念自信和道路自信是铸牢中华民族共同体意识的重要前提。

其一，坚定理念自信，秉承中华民族大家庭理念和中华民族共同体理念的价值意蕴。中华民族大家庭理念和中华民族共同体理念是中国多民族国家建设理念的核心内容，产生于中国多民族国家建设与发展的重要转型时期，是中华文明和马克思主义民族理论中国

化的集大成者。“大家庭”与“共同体”表意的都是一种和合共生的关系状态，在中华民族大家庭理念和中华民族共同体理念指导下的多民族国家建设能够更好地调和“多元”与“一体”的关系状态。一方面，有利于保障多元意义上的民族身份、民族利益和民族认同与一体意义上的中华民族身份、中华民族利益和中华民族认同的和谐有序；另一方面，也有利于各民族之间平等团结互助和谐关系的不断深化、提升。因此，铸牢中华民族共同体意识首先应坚定理念自信，通过多元一体的逻辑与思路实现承认与包容、平等与参与、统一与发展的多民族国家建设目标。

其二，坚定道路自信，践行中国特色解决民族问题的正确道路。从制度适应理论的视角考察多民族国家建设实践，首先强调了理路设计与国情基础的相互结合，这也阐明了推进中国多民族国家建设进程、铸牢中华民族共同体意识应从中国的国情与现实出发，坚持中国特色解决民族问题的正确道路。所谓中国特色解决民族问题的正确道路，包括坚持中国共产党的领导，坚持中国特色社会主义道路，坚持维护祖国统一，坚持各民族一律平等，坚持和完善民族区域自治制度，坚持各民族共同团结奋斗、共同繁荣发展，坚持打牢中华民族共同体的思想基础，坚持依法治国八个方面的“坚持”。这是当代中国多民族国家建设理路的核心要素，集党的领导、社会主义制度、民族政策、治国方略于一体，适应、契合了中国的历史规律、文化传统和基本国情，应该在推进多民族国家建设进程、铸牢中华民族共同体意识的过程中始终坚持。

当代中国多民族国家建设理路对于“大家庭”“共同体”和“党的集中统一领导”等的强调和落实，较好地回应了多元文化主义在实践中日益凸显的“团结的危机”与“整合的困境”。这再一次表明，推进中国多民族国家建设、铸牢中华民族共同体意识不能改弦更张，而是应该以马克思主义民族理论为指导，坚持中华民族大家庭理念和中华民族共同体理念的价值意蕴，践行中国特色解决民族问题的正确道路，这是推进铸牢中华民族共同体意识的重要方略。

（二）为世界多民族国家建设提供中国方案

虽然当代中国多民族国家建设理路生成于独特的历史、文化和国情之上，体现出鲜明的中国特色，但是其设计逻辑、内容机制和实践策略蕴含着一些普适性的原则，为多民族国家建设提供了重要的经验参考。

第一，理路设计应当与国情实际相互适应。中国的多民族国家建设理路与整体国情之间具有较好的适应性和契合性，保障了多民族国家建设理路的合理性和有效性。正如迈克尔·汉南（Michael T. Hannan）和约翰·弗里曼（John Freeman）指出的，“制度在形式上和实质上都是由其直接的组织环境所塑造的”[①]，这一点对于多民族国家建设理路的选定与设计而言亦是同理。也正因此，在多民族国家建设过程中切忌盲目地模仿或移植他国的理路，因为“在现实世界中，如果不考虑历史、文化和制度，我们永远不会期望一项制度从一个政府转移到另一个政府”。[②]

第二，政治整合应当与国家认同相互促进。当代中国的多民族国家建设理路具有政治整合与国家认同相互促进的特征，前者旨在

---

① M.T. Hannan and J.Freeman, “The population ecology of organizations,” *American Journal of Sociology*, No. 5（1977）：929—964.

② R. Rose, “What is lesson-drawing？,” *Journal of Public Policy*, No. 1（1991）：3—30.

将领土范围内的所有民族整合进统一的国家政治、经济、社会和文化体系中来，形成一个“人们共同体”；后者则从民族心理和民族情感出发，意在培塑一种统一的国家认同，丰富“人们共同体”的内在机理，促使作为政治实体的“人们共同体”进一步升华为更加紧密团结的精神共同体。在多民族国家建设中，推动政治整合与培塑国家认同是两个相互交叉、彼此促进、共同成就的过程，缺一不可。只有做到政治整合与国家认同的相互促进，才能更加有效地推进多民族国家建设进程，构建起一个统一与完整、有序与和谐、团结与凝聚的现代多民族国家。没有国家认同的“配合”助推，政治整合将事倍功半，这也表明国家建设与民族建设要合力共振。

第三，强调一体应当与承认多元相互统一。多民族国家建设的核心任务是调和与处理多民族国家内部“一体”与“多元”的关系，且这种“一体”与“多元”的关系涉及多个层面、多个范畴，是一个多重复合的关系体系。在少数群体权利不断得到承认与保护，少数民族语言、文化和价值逐渐得到凸显的当今世界，承认多元已然成为多民族国家建设的基本准则。但是多民族国家建设的落脚点终是“一体”，成功的多民族国家建设往往是对政治共同体、经济共同体、文化共同体、利益共同体乃至精神共同体的多维追求。当代中国多民族国家建设理路在强调一体的同时承认多元，以此作为保护少数群体权利、凸显多样文化价值、推进国家统一发展的必然要求。如若顾此失彼，则会导致“一体”与“多元”关系的失衡，不利于多民族国家建设的进展与成效。根据马克思主义关于民族与国家发展的未来展望，多元融合、走向一体是历史发展的趋势。

第四，国家主导应当与社会推动共同发力。国家主导与社会推动共同发力是中国多民族国家建设理路的又一实践经验，亦是成功建设多民族国家的重要保障。究其原因，多民族国家建设是一项系统工程，并非由国家或者社会等单一主体主导和推进的，而是在不同主体的协同作用下循序渐进地展开，既包括自上而下的国家推进，也包括自下而上的社会培育，通常是多方相辅相成、共同发力的结果。在多民族国家建设中应充分发挥国家的主导作用和社会的推动作用，尤其是在国家主导日趋常态化的背景下，更应该加快推动多民族国家建设和民族事务治理的社会化进程，以进一步发挥社会力量在多民族国家建设和民族事务治理中的应有作用。

五、结语

举目当今世界，绝大多数国家都是多民族国家，而来自内部的分离主义挑战和来自外部的恶意动员又不时加大多民族国家建设的难度。以公民契约精神为纽带是西方多民族国家建设的主流，往往辅以自由主义为本质的族类身份承认或有限承认，其症结是难以形成国家建设与民族建设的合力，在这种情形下基于群体诉求的族裔政治不时挑战乃至停摆国家政治整合的进程。曾被人们一定程度看好的多元文化主义理路，由于过度强调多元的价值与本位，以至于“一体”更像是“多元”的联合。与此不同，对于中国的多民族国家建设而言，和合之价值、统合之治术、经济之依存、文化之兼蓄、社会之嵌合等要素，促进和维系了多维中华民族共同体的内在有机性、家国一体化、多元趋于一体的特质。

近百年以来，中国共产党团结各族人民选择了社会主义，以人民为中心的国家建设与以团结为生命线的民族建设互相融通、促进，克服了西方多民族国家建设内在的国家建设与民族建设之间的斥力，其根本在于作为中华民族先锋队的中国共产党能够代表、团结、凝聚、领导各族人民。中国共产党既是国家建设稳定的领导核心，也是民族建设稳定的领导核心，而社会主义制度、社会主义道路又进一步使国家建设与民族建设联结一体、通力共振。由国体政体衍生的“公有制”“共同富裕”“大家庭”“团结统一”“共同性因素增多”等话语则不断润化着人们对于中华民族共同体的感知与归属。铸牢中华民族共同体意识是国家统一之基、民族团结之本、精神力量之魂，是中国多民族国家建设的遵循与密码。

铸牢中华民族共同体意识的社会空间整合视角①

近年来，我们到边疆民族地区调研时，经常看到路边立着“边疆人民心向党中央”的宣传牌，宣示着边疆人民对党和国家的忠诚。2019 年，多期“边疆民族地区基层村党支部书记培训班”在北京举办，通过问卷调查，笔者了解到五千多名村党支部书记中有百分之六十五左右的人没有到过北京。不少书记参观完人民大会堂、天安门、民族文化宫后感慨万千，纷纷表示：“到了北京，知道了党中央在哪里，一辈子知足了。”在内地西藏班、内地新疆高中班调研时，各民族学子诉说：面朝大海，感受国家家底之阔；进入宝钢、航天中心，感慨国家实力之强……通过学理阐释把现实生活中发生的事实与高位的国家政策话语贯通，是一种必要的学术努力。基于多年的田野感悟与政策解读，笔者尝试以社会空间整合的学理分析铸牢中华民族共同体意识。

① 本文系 2018 年度教育部哲学社会科学研究重大课题攻关项目“健全民族团结进步教育常态化机制研究”（项目编号：18JZD054）的阶段性成果。本文原发表于《西北民族研究》2021 年第 3 期。第二作者于欣蕾为中央民族大学中国民族理论与民族政策研究院民族政治学专业硕士研究生。

我国属于超大规模国家，疆域辽阔，国民的规模和分布之广排在世界首位。[①]一些生活在如此辽阔国土上的人对于国家的空间想象和感觉是缺失的，对于国家疆域的“有我在场感”是缺失的。没有空间感支撑的共同体通常是以想象认知的，因而，培育国家认同需要增强国民对领土的空间感知，增强其对领土之上的社会空间的感知。遥远的地理空间距离，意味着遥远的社会空间距离、文化距离和心理距离。克服距离、拉近距离是建设与维系共同体的基本要件。社会空间整合能够让空间流动、折叠，从而让距离缩小或消失。

一、社会空间整合及其功能

从社会科学的角度看，空间绝不仅是一种物质性的存在，还是一种文化、政治、心理的多义现象。[②]空间关系是社会关系的载体，优化空间关系可以调整社会关系，从空间视角考察社会关系和社会行动，便形成社会空间的范畴。社会空间整合是指实现社会空间的一体化，是社会整合与空间整合的叠加。社会空间整合可以被视为社会治理和社会建设的内容。

（一）社会空间是社会关系存在的场域

“社会空间”这一概念被西方社会学界关注始于20世纪70年代以后，亨利·列斐伏尔（Henri Lefebvre）、米歇尔·福柯（Michel Foucault）、皮埃尔·布迪厄（Pierre Bourdieu）、爱德华·苏

---

① 尽管俄罗斯、加拿大的领土面积大于中国，但这两个国家的很多地方由于气候严寒、极度偏远，属于无人区，达到一定规模的居民分布点有限。

② 苏尚锋：《空间理论的三次论争与“空间转向”》，《人文杂志》2008年第4期，第23—29页。

贾（Edward Soja）[①]、大卫·哈维（David Harvey）、安东尼·吉登斯（Anthony Giddens）等学者致力于开辟出观察与解释社会的"社会空间"领域。列斐伏尔是社会空间理论的开创者之一，他认为社会空间是一种社会关系，不但包括物质空间、精神空间，更重要的是包括社会空间，即人生产出来的社会关系，这一点极为重要。社会空间不是同质的，具有很强的异质性。[②]在布迪厄的理论中，社会是一个场域或社会空间范畴，各种场域交叉渗透而形成社会空间。在社会空间里，个体行为者根据自己拥有的资本，相互斗争，试图改变或维持自己所占据的空间范围，而阶级就是社会空间中位置接近的人。[③]

马克思、恩格斯在《共产党宣言》《德意志意识形态》等著作中论及空间与社会空间议题，包括：从宏观角度看待资本主义工业文明下社会空间必然发生社会变革；认识到在民族国家内部，城乡对立的矛盾成为现代空间转换的主要矛盾；从微观角度审视了城市空间结构的变化。[④]哈维则强调，马克思和恩格斯对于地理和空间有极为重要的洞见，敏锐地注意到资本主义兴起于空间的关联，例如地理大发现与资本主义早期积累的关系。[⑤]

---

① 爱德华·苏贾，中国学界有不同的译法，又译为"索雅""索亚""索杰"。

② 潘可礼：《亨利·列斐伏尔的社会空间理论》，《南京师大学报》（社会科学版）2015年第1期，第13—20页。

③ 刘欣：《阶级惯习与品味：布迪厄的阶级理论》，《社会学研究》2003年第6期，第33—42页。

④ 田毅鹏、张金荣：《马克思社会空间理论及其当代价值》，《社会科学研究》2007年第2期，第14—19页。

⑤ 文军、黄锐：《"空间"的思想谱系与理想图景：一种开放性实践空间的建构》，《社会学研究》2012年第2期，第35—59页。

可见，社会空间是社会关系在一定范围（空间）内的存在，或者可以将其通俗地理解为一个地方的社会关系。不同的地方，社会关系不同，一个国家所有地方的社会关系构成这个国家的社会空间。国民个体或群体在所在的社会空间中编织社会关系网络，获取社会资源。对于一个国家而言，其置身的空间则更为广阔，可以是区域性的乃至全球性的。

（二）社会空间整合旨在消减区隔与距离

在社会科学中，社会整合通常指社会一体化，是与社会区隔相对的。

“整合”和“完整”在拉丁语中有相同的词根，另外，“完整”“整数”和“完好”是密切相关的词。①社会整合是促进各种社会力量、社会元素实现一体化的过程和工程。②社会空间整合是将分散的、地方性的社会空间连为一体的过程和工程，追求的是大的、整体的社会空间的完整、完好。

西方的社会空间整合研究主要基于城市的种族区隔，包括居住区隔和社会关系意义上的区隔。在本文中，社会空间整合指在超大面积国家，不同区域的群体通过流动或信息媒介等跨越空间隔离，相互感知、了解，并参与整个社会生活，处于统一、宏大的社会关系网络中。

有研究者将社会空间整合划分为功能性整合、象征性整合和社群性整合。③具体而言，功能性整合强调整个社会被经济、政治、

① J. Ruiz-Tagle, “A Theory of Socio-Spatial Integration: Problems, Policies and Concepts from a US Perspective,” *International Journal of Urban and Regional Research*, No. 2(2013).

② 严庆：《民族整合的理念、格局与举措》，《政治学研究》2015年第1期，第11—20页。

③ S. Balčaitė and D. Krupickaitė, “Perspectives of Gated Communities' Socio-Spatial Integration: The Case of Post-Socialist Lithuania,” *Belgeo*, No. 4 (2018).

社会、文化行为及政策的功能覆盖，例如民众在经济上被整合入市场经济，在政治上被整合入民主进程，在社会服务与社会保障上被整合入社会保障网络；象征性整合强调人们对邻里和所处空间拥有归属感，包括对共同空间有归属感，不再遭受地域性歧视，不再被视为麻烦或危险等；社群性整合强调人们加入当地的社会组织和社会体系之中，拥有家庭联系和社会关系，加入宗教团体或其他固定的社团等。可以看出，功能性整合将社会定义为包括经济、政治在内的广义社会，而象征性整合和社群性整合强调的则是狭义社会。

我国学者文军和黄锐把社会空间发展到实践空间，他们认为实践空间实现了身体空间、亲历空间和关系空间的多元统一。实践空间表现出社会性、开放性和政治性，实践空间与当代社会学理论对于实践的强调相互关联，成为一种迈向日常生活的实践社会学。这种实践空间不仅使得我们在观察当代社会现象时更具批判力，还增添了更多的人文关怀和积极的社会构建，使我们的空间不再单一与抽象。①

（三）社会空间整合的功能

个体及群体的空间邻近度是培养和形成群体社会关系的基本条件。尽管移动通信技术和互联网技术可以增加远距离的实时沟通，但面对面的直接交流仍然被视为群体感情产生的基础。有研究者指出，在空间距离和社会距离中，我们对一种距离的感知发生变化，就会导致对另一种距离感知的平行变化，空间距离与社会距离相互作用。与近距离交流的人相比，在大空间中交流的人彼此更不熟

① 文军、黄锐：《“空间”的思想谱系与理想图景：一种开放性实践空间的建构》，《社会学研究》2012 年第 2 期，第 35—59 页。

悉，对待彼此更正式，表现得更不合作。事实上，认为一个人在空间上很遥远，会让人们认为他在社交上也很遥远。[①]

缩短社会距离是社会空间整合最重要的功能。如果参照内迪姆·卡拉卡亚利（Nedim Karakayali）关于社会距离四个维度的描述[②]，我们则可以将社会空间整合的功能概括为缩短或改变情感距离、规范距离、互动距离、文化习惯距离。社会空间整合通过拉近不同群体的空间距离，可以促进彼此的理解、同情和亲近；可以增进"我们"与"他们"对对方社会规范的了解，从而认知差异、尊重不同；可以加强不同群体的互动，从而增加交往的频次与时间；可以加深不同群体对彼此文化与习俗的了解，促进文化涵化与借鉴。按照克劳斯·费德勒（Klaus Fiedler）关于心理距离[③④]的描述，社会空间整合可以拉近人们与其判断目标之间的空间距离，可以拉近人们与所处社会的人际距离，可以拉近某些事件与假设事件之间的想象距离。[⑤]

缩短社会距离能够增加社会关系中的情感因素。社会距离如何影响社会关系中的情感内容？更具体地说，一个群体的成员对他们认为远离自己的群体会表现出什么不同的情感取向？这至少可以根

① E. Bradner and G. Mark, "Why Distance Matters: Effects on Cooperation, Persuasion, and Deception," *ACM Conference on Computer Supported Cooperative Work* (2002).

② N. Karakayali, "Social Distance and Affective Orientations," *Sociological Forum*, No. 3 (2009).

③ 心理距离指自我与其他实例（如人、事件或时间）的认知分离。心理距离的定义是特洛普·雅各夫（Trope Yaacov）和利伯曼·尼拉（Liberman Nira）作出的。

④ Y. Trope and N. Liberman, "Temporal Construal," *Psychological Review*, No. 3 (2003).

⑤ K. Fiedler, "Construal Level Theory as an Integrative Framework for Behavioral Decision-Making Research and Consumer Psychology," *Journal of Consumer Psychology*, No. 2 (2007).

据文献中经常采用的一种观点作答，即强烈的情感纽带是社会接近和群体关系接近的标志。当社会距离增加时，人际关系往往会失去情感内容，更糟的是，负面情感将主导此类人际关系。[①]缩短社会距离能够增强人们的亲近感。亲近，或者说空间上的亲近，可以产生社会亲近感。人们越近，他们的互动、联系和交流就越多。

社会空间的距离往往对族群、族裔、阶级、性别等身份的建构产生影响。整合问题总是通过距离来调解的，而距离是塑造社会关系结构的关键。[②]有研究指出，社会和空间邻近性相互作用会产生群体接触的机会，进而可能促进族际关系优化。“接触假说”（contact hypothesis）认为，不同群体接触的增加会让各群体产生积极的态度，因此，空间上的整合会转变为社会整合、融合。早在20世纪80年代，《空间距离和种族态度：接触假说的进一步检验》一文便指出：种族之间的密切接触可以使彼此的了解加深，从而减少种族偏见和成见。[③]

二、新时代我国社会空间整合的基本态势与民族因素流变

改革开放后，我国经济社会实现快速转型与发展，城镇化、产业多样化、资源配置方式、人口流动性等方面都发生着急剧变化。进入新时代以来，这些变化进一步凸显，与这些变化相关联的是我

---

① B. Wood, *The Stranger: A Study in Social Relationships*（New York: Columbia University Press, 1934）, p. 9.

② J. Ruiz-Tagle, “A Theory of Socio-Spatial Integration: Problems, Policies and Concepts from a US Perspective,” *International Journal of Urban and Regional Research*, No. 2（2013）.

③ J. Robinson, “Physical Distance and Racial Attitudes: A Further Examination of the Contact Hypothesis,” *Phylogeny: Clark Atlanta University Review of Race and Culture*, No. 4（1980）.

国社会空间呈现新态势、新特征，具体可总结为液态化、有机化与折叠化等三个方面，民族因素也进一步随着社会空间的变化而变化，各民族共同性的因素不断增加，多民族国家以及中华民族共同体的内在有机性进一步增强。

（一）社会空间的液态化与民族因素的流动、变迁性

液态社会是著名社会学家齐格蒙特·鲍曼（Zygmunt Bauman）所提出的。他在反思 20 世纪后期资本主义国家的现代化进程时，刻画出“流动的现代性”的特点。鲍曼首先区分了液体和固体的特征，进而以两者的形象比喻来说明稳固的现代性和流动的现代性之区别。例如，“液体不像固体，不容易保持其形状”；“液体既不固定空间，也不束缚时间。固体具有清晰的空间维度，但却中和了时间的影响”；液体具有强大的流动性，“不像固体那样容易被阻挡，它们会绕过一些障碍、溶解一些障碍、渗透一些障碍”。① 鲍曼以现代化的视角审视和揭示了社会的流动性以及社会要素的重组，当然社会的流动性和社会要素的重组都发生在特定的空间中。

同样，伴随现代化的进程，我国社会的流动性不断增强，随之而来的是社会空间告别固化态势而逐步液态化，民族因素更多地流动到更加广阔的社会空间，国家全域性出现了民族因素的多样化，向西流动的民族成份增多，东中部地区民族因素不断活跃，交互流动、回流等现象不时出现。液态化社会空间呈现空间开放、要素重组、秩序重建、人际活跃的特点。

我国少数民族人口流动状况比较符合鲍曼对于“流动的现代性”的描述。2014 年召开的中央民族工作会议指出：“改革开放以

① Z. Bauman，*Liquid Modernity*（Alden：Polity Press，2000），pp. 1—16.

来，我国进入了各民族跨区域大流动的活跃期，做好城市民族工作越来越重要。”[①]“各民族跨区域大流动的活跃期”是对我国民族人口流动的准确定位。国家卫生健康委员会发布的《中国流动人口发展报告2018》回顾了改革开放40年来我国的人口流动状况，并分析了新时代流动人口的特征。改革开放后，我国流动人口规模增长最快的阶段是1990—2010年，全国流动人口的数量由1990年的2 100万增长到2010年的22 100万，年均增长率为18.9%。2010年之后，流动人口规模的增长变得缓慢。2015年以后，全国流动人口的规模呈现小规模下滑趋势，但流动人口总数仍处于高位，2017年全国流动人口约为24 400万（详见表1）。流动人口规模本身就是动态的，如果按少数民族流动人口占总流动人口的15%计算[②]，那么2017年我国少数民族流动人口约为3 660万。另外根据国家民委官网提供的数据，2019年山东省少数民族常住人口72万，少数民族流动人口在高峰期超过100万，这代表着某些省（市）少数民族流动人口超过少数民族常住人口。由此可见，民族因素的流动是社会流动的一个组成部分。第七次全国人口普查数据显示，2020年流动人口规模近3.8亿人，比2010年大幅增加1.5亿人，与上一个10年流动人口增长1亿人相比，我国流动人口增长速度在加快。民族因素在新时代的社会空间中具有趋强的流动性，从而为各民族的交往交流、相依共存提供了空间与机会。

---

①《中央民族工作会议暨国务院第六次全国民族团结进步表彰大会在北京举行》，《光明日报》2014年9月30日，第1版。

② 何立华、成艾华：《少数民族人口流动的特征、变化及影响——基于最近两次全国人口普查资料的分析》，《民族研究》2016年第6期，第23—38页。

表 1 全国流动人口状况统计表[①]

年份	流动人口数量 / 万人	少数民族流动人口参与率 /%
1990	2 100	—
2000	10 200	—
2010	22 100	≈ 5
2015	24 700	6.3
2017	24 400	7.5

人口流动促使人们生活生产环境以及所处文化生态发生改变，环境的决定作用、文化适应及其选择必将引发文化变迁。在动态的社会空间中，充满留居与适应、接纳与包容的交互影响，同一社会空间也总是朝着生成统一秩序、践行统一规则、形成共性文化、滋养共情心态而努力。于此而言，社会空间的液态化激发诸多局部的社会整合器，诸多社会整合器的共振则助推这个社会的整合。

（二）社会空间的有机化与民族因素的嵌合、融会性

在社会空间中存在着多种社会关系，社会关系又组合为一定的结构。现代化引起的社会分工复杂化增强了个体、群体之间的依存性，社会空间中的社会关系变得越发盘根错节或交织，社会团结实现从机械团结向有机团结的转化。有机化的社会空间滋养有机团结。按照埃米尔·涂尔干（Emile Durkheim）的解释，机械团结中的个人不经任何中介直接隶属于社会，有机团结中的个人依赖于社会的原因是个人依赖于构成社会的各个部分。机械团结社会压制个体的个性，即个人意识服从于公共意识，因此这种团结不稳固，团结的断裂现象会很容易、很经常地发生；而有机团结社会把人格特征

① 表格数据来源于国家卫生健康委员会主办的“流动人口数据平台”。

表现出来，群体的各个部分都具有各自的功能，难以分割。[①]因此有机团结是更稳定的团结状态，更能带来社会的整合。

民族因素全域化流动产生的结果是民族因素有机互嵌在多个层面、多个领域，从而形成多样化的结构，包括互通有无的经济结构、融会共浸的文化结构、依存共处的社会结构、平等互尊的政治结构。如果具体化，就还可细分为包容亲和的心理结构、依规合作的职业结构、互相嵌入的居住结构等。[②]大流动带来的结果是大融居、大共事，面对这样的关系结构，治理者顺势而为。2014 年 5 月 26 日，中共中央政治局召开会议，研究进一步推进新疆社会稳定和长治久安工作。会议指出，要推动建立各民族相互嵌入的社会结构和社区环境，促进各民族交往交流交融，巩固平等团结互助和谐的社会主义民族关系。这是针对地方层面提出的“各民族相互嵌入的社会结构和社区环境”要求。同年 9 月份召开的中央民族工作会议提出把这一要求全域推行。有学者把民族互嵌型社会功能的定位，理解为从机械团结到有机团结的转变，通过结构关联、利益相关、社会参与关联把不同民族群体结合起来，形成一种有机团结的局面。[③]

（三）社会空间的折叠化与民族因素的联通、易感性

社会空间的折叠化是就远距离、大范围的社会空间接触和进入而言的。我们在一张纸的两端各画一个点，两个点之间有距离，但

① 埃米尔·涂尔干：《社会分工论》，渠东译，生活·读书·新知三联书店，2000，第 33—92 页。

② 严庆：《嵌合型：广义民族工作视域下的民族工作模式思考》，《西北民族研究》2018 年第 3 期，第 26—32 页。

③ 郝亚明：《民族互嵌型社区社会结构和社区环境的理论分析》，《新疆师范大学学报》（哲学社会科学版）2015 年第 4 期，第 14—20 页。

如果将纸张对折起来，两个点就能接近乃至重叠。折叠让距离变近或消失。同理，我们可以推出“折叠空间”的概念，这一概念与哈维所言的“时空压缩”（time-space compression）①② 概念类似。随着我国快速交通技术的进步、可视通话技术的应用，身处异地的人们原有的遥远距离感被打破，社会空间被技术要素所“折叠”或者“压缩”。例如，身在东南沿海的人可以通过网上直播，身临其境地即时看到和感受远在大西北的景象、人文。可以说，前所未有的技术手段的提升、设备设施的普遍建立让人们的距离变近，让世界变小。

社会空间的折叠化让民族因素不再陌生，“百度一下”使民族知识的获取更为便捷，民族因素随着信息流、人口流而联通。《2021—2027 年中国移动互联网行业市场专项调研及投资趋势预测报告》显示，2015—2019 年我国移动互联网的流量呈高增长态势，2015 年全年移动互联网流量仅 41.87 亿 GB，2019 年全年移动互联网流量达到 1 220 亿 GB。2020 年 1—10 月，移动互联网流量累计达 1 338 亿 GB，同比增长 34%。其中，通过手机上网的流量达到 1 270 亿 GB，占移动互联网总流量的 94.9%。可以说我们进入了“流量社会”，信息鸿沟正被填平，流量让包括民族因素在内的诸要素联通。“热搜丁真”使亿万目光聚向川西乃至西藏，相关民族信息、地域信息、文化信息悄然传播，甚至吸引了一些铁粉的深度

① 哈维认为每一种独特的生产方式或社会形态都将体现一系列独特的时空实践和概念，资本主义生产方式具有革命性，资本主义“灵活积累”带来部门之间和地理区域之间不均衡发展模式的快速转变，并引发“时空压缩”，这彻底改变了空间和时间的客观品质，引起人类与人类思维方式的变化。

② D. Harvey，*The Condition of Postmodernity*：*An Enquiry into the Origins of Cultural Change*（Massachusetts：Blackwell Publishers，1990）.

挖掘。

再以旅游引发的人的流动为例。2019年全年，国内旅游人数60.06亿人次（2011年26.41亿人次，2015年39.90亿人次）。[①] 2014—2018年新疆接待游客的数量不断增加，2018年新疆接待游客的数量为15 024.89万人次，较2017年增长40.09%。2019年新疆接待游客数量达到21 329.54万人次，较2018年增长6 304.65万人次，同比增长41.96%。[②] 尽管我国国内旅游在2020年受到新冠疫情的影响，但全域和民族地区旅游人数增加的大趋势没有改变。从主体体验的角度看，旅游就是“外地人去看看当地人看惯了的那些人、那些景、那些事”，对于旅游者而言，这无异于自愿、自发性的空间交换和文化体验。可以说，旅游业也将成为民族因素联通的重要载体，一些地方还专门打造了包含自然景观、文化体验等形式在内的民族特色旅游项目。

信息的流动和人的流动使得不同民族的成员面对面的交往交流变得更加容易，民族地区与非民族地区被联通。而民族因素的联通又为民族交往交流交融创造了条件，引领性的指向则体现在相关文件中：中共中央、国务院印发的《关于加强和改进新形势下民族工作的意见》指出，“促进各民族群众相互了解、相互尊重、相互包容、相互欣赏、相互学习、相互帮助”[③]；《关于全面深入持久开展民族团结进步创建工作铸牢中华民族共同体意识的意见》要求“积

---

①《中华人民共和国文化和旅游部2019年文化和旅游发展统计公报》，https://www.mct.gov.cn/whzx/whyw/202006/t20200620_872734.htm，访问日期：2021年3月24日。

②《2020—2026年中国新疆旅游行业市场消费调研及投资风险研究报告》，https://www.chyxx.com/research/201909/786958.html，访问日期：2021年3月24日。

③《中共中央、国务院印发〈关于加强和改进新形势下民族工作的意见〉》，http://www.gov.cn/xinwen/2014-12/22/content_2795155.htm，访问日期：2021年3月24日。

极营造各民族共居共学共事共乐的社会条件”。①

三、以社会空间整合推进铸牢中华民族共同体意识

如果说国家发展信息产业和旅游产业为国民提供了进入社会空间整合的平台、载体，那么发挥好一些政策和项目的整合功能，则有助于通过社会空间整合，助推铸牢中华民族共同体意识。本文以综合性的对口支援工程和专门性的民族教育异地办学政策呈示此议题。

（一）对口支援的“规模折叠效应”与“多维与共效应”

对口支援是我国一项旨在实现区域协调发展的综合性政策。对口支援于 1979 年召开的全国边防工作会议中以政策的形式得到确认，是国家统筹的核心理念与政策指向，是发达地区帮助欠发达地区或出现灾害的地区的一项政策。对口支援在内容上包括经济帮扶、教育帮扶、严重灾害帮扶以及重大工程项目帮扶等；在具体形式上主要分为政府主导的支援与社会主导的支援；从地域来看主要是中东部地区帮助西部民族地区；性质逐步由最初的“输血式支援”转为现在的“造血式支援”，更多强调地区间的合作共赢。对口支援促进了支援地区与受援地区人、物、信息的交互流动，直接或间接地重组了社会空间，促进了社会互嵌以及区域、族际的交往交流交融，助力于铸牢中华民族共同体意识。

近年来，学术界开始从不同角度探析对口支援对铸牢中华民族共同体意识的作用与功能。从经济角度来看，对口支援助推民族地

---

①《中共中央办公厅 国务院办公厅印发〈关于全面深入持久开展民族团结进步创建工作铸牢中华民族共同体意识的意见〉》，http://www.gov.cn/xinwen/2019-10/23/content_5444047.htm，访问日期：2021 年 3 月 24 日。

区的经济发展，为铸牢中华民族共同体意识提供了物质保障。①② 从文化角度而论，对口支援下的“支援文化”不断生成，不同民族和区域间的守望相助意识与中华民族共同体意识不断增强。③④ 另外，民族地区经济发展与国民经济发展的融合程度不断加深，不仅实现了经济融合，也实现了文化融合与价值观融合⑤，这些融合性趋势推动着铸牢中华民族共同体意识。从情感角度而言，对口支援提升了受援地区与内地的情感认同，从而有利于增强支援方与受援方的国家意识以及培育与强化中华民族共同体意识⑥，等等。综合来看，研究者认为对口支援促进了民族成员间的交往交流交融，因而我们要进一步挖掘、利用对口支援的综合成效，更好地推动全域铸牢中华民族共同体意识。

在这里，本文拟从对口支援产生的“规模折叠效应”与“多维与共效应”两个角度阐释对口支援何以有利于铸牢中华民族共同体意识。对口支援产生的“规模折叠效应”可作如下理解：对口支援属于国家协同发展重大工程，通过大范围、大规模、多领域、长时间的资源调配，践行共同发展、共同富裕的国家意志。在国家政

---

① 徐俊六：《铸牢中华民族共同体意识与边疆民族地区社会治理关系研究》，《宁夏社会科学》2018 年第 6 期，第 188—194 页。

② 靳薇：《项目援助与西藏经济发展》，《西北民族研究》2008 年第 4 期，第 10—19 页。

③ 丁忠毅：《国家治理视域下省际对口支援边疆政策的运行机制研究》，《思想战线》2018 年第 4 期，第 76—87 页。

④ 羌洲、曹宇新：《文化资本视角下民族教育扶贫的实现机制——以“组团式”教育人才援藏为例》，《西北民族研究》2019 年第 2 期，第 106—115 页。

⑤ 李曦辉：《基于铸牢中华民族共同体意识的少数民族经济发展研究》，《中央民族大学学报》（哲学社会科学版）2020 年第 5 期，第 44—53 页。

⑥ 任恒、王宏伟：《稳定、平衡与发展：建设中国特色对口支援制度的三重使命》，《新疆社会科学》2020 年第 6 期，第 117—126 页。

策推动与多层次动员下，参与对口支援的人进入项目落地的社会空间，通过人、财、物、信息等要素的交织、流动，对此前没有进入的区域产生认同感与“有我感”。以对口援疆为例，目前全国共有 19 个省市对口支援新疆，前后共有 10 批中央和国家机关、中央企业援疆干部赶赴新疆，累计超过 8 万人次。19 个援疆省市与新疆相隔遥远，从东南沿海到西北边疆，相距甚远的地区直接建立了联系。对口支援政策使得地理空间像纸质地图一样被“折叠”起来，边疆地区与中东部省市以及来自两地的人们被大规模“折叠”到一起，增强了人们对于我国辽阔疆域的感知与认同，包括组成内地与边疆社会空间的自然景观、人文习俗、社会风尚、精神面貌等方面。

由“规模折叠效应”引发的“多维与共效应”是一种积极的内心体悟。所谓“与共”，指“共同或一起”，汉语中有诸如“美美与共”“休戚与共”“荣辱与共”“生死与共”等成语。可将“与共效应”定义为在同一共同体中，由于种种共同的经历，人们意识到自身与共同体内其他个体、自身与整个共同体的密切联系，并且发自内心地认可这种联系。例如，在农村扶贫工作中，对口扶贫干部与村民共同规划、共同工作、共同生活、共同致富，真正做到共居共学共事共乐，扶贫干部与贫困群众在艰苦的环境下更容易产生休戚与共的情感共鸣。由于对口支援涉及经济、文化、教育、民生甚至情感等多个方面，所以这种“与共效应”也是多维度的。

（二）民族教育异地办学的“衍生效应”与“浸发效应”

民族教育异地办学模式是我国缩小地区间教育差距、推进教育公平，为民族地区培养人才的专门政策，主要指在教育资源较为丰富的内地举办各级各类民族班或者民族学校。党和国家探索民族教育异地办学模式具有很长的历史，从新中国成立前的各类干部民族班、延安民族学院、藏族学校，到改革开放前在内地开办的各种民族班，再到改革开放后建立的内地西藏班（校）与内地新疆高中班（校）、少数民族本科预科班、少数民族高层次骨干人才研究生班，再到近几年内地大规模扩招西部地区的本科、专科学生，等等。笔者仅以 1989 年开始招生的内地西藏高中班与 2000 年开始招生的内地新疆高中班为例，试析民族教育异地办学的“衍生效应”与“浸发效应”。

内地民族班教育的“衍生效应”主要有两个方面：一是教育本身的衍生功能，二是异地办学模式的衍生效果。关于教育本身的衍生功能，可把学校作为学生国家认同与公民认同形成的场域，通过系统的德育教育，引导、强化学生对于中华人民共和国和中华民族的认同。①学校教育还具有社会发展功能，即学生能对将来社会政治、经济、文化等方面的发展作出贡献。②另外，我们可从政治社会化的角度看待内地高中班的教育效果。高中生正处于世界观、人生观与价值观形成的初期，学校教育作为政治社会化的重要媒介，可以让学生通过教师之爱感受内地之爱，通过感受政策之优越感受国家的期冀，切实通过生活、学习、成长的感受体会党和国家的政策初衷。关于民族教育异地办学模式的“衍生效应”，主要指内地民族班学生能切身感受到党和国家为少数民族和民族地区发展作出

① 祁进玉：《国家认同与公民身份的生成场域：学校教育的衍生功能》，《民族教育研究》2008 年第 6 期，第 38—42 页。

② 胡贵勇：《教育功能的再思考》，《全球教育展望》2004 年第 7 期，第 59—62 页。

的努力，能够感受到内地学校、社会对自己成长付出的关怀。① 内地民族班的少数民族学生至少在内地生活三至七年（高考时列入内地高校招生指标），他们会把内地作为自己成长的第二故乡，产生依恋性的家园意识，由此会对我国不同空间形成清晰明确的认知，产生在场感，消解距离感与陌生感。不少学生毕业返回民族地区后还一直关注着曾经就读省市的动态，利用到内地出差的机会探望自己的老师和学友。总之，民族教育异地办学能为民族地区居民和内地居民提供互相了解的平台和互相感知的纽带，从而拉近民族地区与内地的社会距离和文化距离。②

所谓“浸发”，原意是浸泡在水中，引申为身处某种境界当中。我们可把“浸发”拆解为“沉浸”与“发散”，前者指内地民族班少数民族学生在不同于家乡的文化环境中生活、学习，其理念、思维方式与行动能力会跳出原有文化圈，他们会感受到我国文化多样性之美；而后者指接受不同文化熏陶的少数民族学生学成之后回到原有文化圈，会影响其周围更多的人，实现文化传播，增进文化理解。

在几十年办学过程中，内地民族班（校）为不同民族的学生提供了共学与共乐的空间，促进了学子间、师生间的交往交流交融，成为铸牢中华民族共同体意识的场所。关于内地办学与铸牢中华民族共同体意识的关系，可从政策总体效果与政策具体效果来谈。从

---

① 笔者的一名学生先后在西藏两个高海拔的县做副县长，负责脱贫攻坚工作。他说：“国家花费那么大的力气在内地举办西藏班，培养我们这些少数民族干部不容易啊！不有所作为愧对在内地求学那么多年！”

② 白少双、严庆：《过程的视角：内地西藏班办学效应研究》，《民族教育研究》2014年第5期，第80—86页。

内地办学政策总体效果来看，民族教育在培育中华民族共同体意识阶段提供了生成性条件，在铸牢中华民族共同体意识阶段提供了支撑性条件。[①] 持同样观点的学者也认为，国家大力推行内地民族班（校）政策，既为新疆、西藏等边疆地区培育了大批人才，也有效推动了各民族交往交流交融，为铸牢中华民族共同体意识发挥了重要作用。[②] 从内地办学的具体效果来看，有学者认为族际交往是提升民族团结水平的基础，在内地民族班（校）内混合编班更有利于学生的族际交往。[③] 这不仅提升了内地民族班（校）教师与不同民族学生、不同民族学生与学生之间交往的频率，更有利于其交往交流交融，因此要发挥民族教育的辐射与渲染作用，为铸牢中华民族共同体意识服务。

对口支援与民族教育异地办学这两项政策促进了民族成员跨区域接触，取得复合效果，改变了原来地理位置阻隔、人员流动受限的状况，从多个方面促进了社会空间整合。

四、结语

社会主义时期是各民族共同性因素不断增多的时期，进入新时代，这样的态势和趋势更为明显，这也为铸牢中华民族共同体意识创造了更多、更有利的条件。在中国向现代化快速转型的进程中，

---

① 张学敏、石泽婷：《民族教育发展与中华民族共同体意识建设的内生逻辑——新中国70年民族教育及其政策回溯与前瞻》，《西南大学学报》（社会科学版）2019年第4期，第5—18页。

② 苏德、薛寒：《改革开放40年我国内地民族班（校）政策的演变逻辑与时代走向》，《民族教育研究》2018年第6期，第10—17页。

③ 苏傲雪：《内地西藏、新疆高中班民族团结教育调查研究》，《民族教育研究》2019年第2期，第66—72页。

由国家主导的、以资源调配为手段的系统性整合不断深化，整合实践的回馈则是受益者对国家和执政者政治认同的增强，是国家治理合法性的强化。与此同时，与国家力量整合作用相复合的则是社会力量的整合，社会流动及其引发的社会空间整合不断增强社会团结以及社会的有机性。

举目当今世界，很少有国家能够实现国家整合与社会整合的效能复合，这在根本上是由中国特色社会主义制度（政治制度、经济制度等）所决定的。国家整合的主要产出是认同，社会整合的主要产出是关系，两种整合的共振则是国家统一、民族团结。铸牢中华民族共同体意识需要国家整合和社会整合持续共振发力。本文选择社会空间整合理论，意在启示人们重视更加优化的社会关系和社会建设在铸牢中华民族共同体意识中的作用。空间是人类存在的基本维度之一。在超大规模的多民族国家，遥远的距离往往成为民族之间有效交往的障碍。伴随着人口的大范围、大规模流动，不同民族成员之间更能相互感知、彼此融合，人们心中的社会空间障碍感、陌生感会逐渐减弱，有机共同体则进一步结成。关注有助于实现社会空间整合的政策实践，注重以社会空间整合的视角开展研究，是一个值得选择的方向。

主线、理念与作为：深刻把握与贯彻铸牢中华民族共同体意识①

人类族类群体（部族、种族、族群、原住民等）的演化与国家形态复杂交织的结果就是多民族同处一个国家成为常态。近现代以来，为了建设多民族国家，民族主义、同化主义、联邦主义、多元主义、共同体主义等不同理路纷纷登台，又不时式微，在治术“主义”与族类“情感”之间似乎总是难以找到合理、得体的方略。就西方社会而言，民主的“多数原则”，在很大程度上只能起到放大和加剧而不是缓和多数民族与少数民族之间矛盾的作用。这确实是民主理论的一个深深的梦魇！②

中国是世界上为数不多的在宪法中明确宣示是“统一的多民族国家”的国家，这是对多民族国家发展历史的尊重，是对各民族地

---

① 本文系2018年度教育部哲学社会科学研究重大课题攻关项目“健全民族团结进步教育常态化机制研究”（项目编号：18JZD054）的阶段性成果。本文原发表于《贵州民族研究》2021年第5期。

② 马德普、柴宝勇：《多民族国家与民主之间的张力》，《政治学研究》2005年第3期，第65—74页。

位、作用、尊严的庄严承认。中国的稳定发展与中国的多民族国家建设方略备受瞩目。中国的方略是什么？这是来自世界的发问，也是中国的自问。习近平总书记在2021年中央民族工作会议上指出，回顾党的百年历程，党的民族工作取得的最大成就，就是走出了一条中国特色解决民族问题的正确道路。这条道路拥有“八个坚持”（坚持中国共产党的领导；坚持中国特色社会主义道路；坚持维护祖国统一；坚持各民族一律平等；坚持和完善民族区域自治制度；坚持各民族共同团结奋斗、共同繁荣发展；坚持打牢中华民族共同体的思想基础；坚持依法治国）。在2014年中央民族工作会议上，习近平总书记就曾强调，“做好民族工作要坚定不移走中国特色解决民族问题的正确道路，开拓创新，从实际出发，顶层设计要缜密、政策统筹要到位、工作部署要稳妥”。[①]2021年中央民族工作会议确定了推进新时代民族工作高质量发展，要坚持中国特色解决民族问题的正确道路，以铸牢中华民族共同体意识为主线，视铸牢中华民族共同体意识为新时代党的民族工作的“纲”。

一、深刻把握铸牢中华民族共同体意识这一主线

深刻把握铸牢中华民族共同体意识这一民族工作主线，需要将其置放于中华民族大家庭共同体理路之中，以便从更高、更深的角度进行理解。中华民族大家庭共同体理路，是指当代中国建设多民族国家的理论与路径。理论，强调的是思想成果；路径，强调的是建设行动的路向与路线。本文中使用“理路”而不使用“理论”，

---

①《中央民族工作会议暨国务院第六次全国民族团结进步表彰大会在北京举行》，《光明日报》2014年9月30日，第1版。

一是着意凸显务实是党的民族理论的鲜明特点。党的民族理论建设重在密切联系实际，理论成果重在服务实际，理论内容重在实际、实在、实用，而不是单纯话语、思维层面的主观建构。二是符合党的民族工作的语境和场域。2021 年中央民族工作会议突出了新时代民族工作怎么做的指向，即更为注重实践性、实操性。本文之所以使用“中华民族大家庭共同体”的提法，一则强调中华民族是一个命运共同体，二则强调共同体的纽带是大家庭的理念、情感、利益、责任，以区别于西式的契约责任与义务纽带。

如何在一个民族和文化多样的国家创造高度的政治认同和社会向心力，维护民族团结和社会安定，是现代政治学面临的一个重要课题。①20 世纪 60 年代以后，基于身份与权力勾连的身份政治兴起，也将认同带进了政治合法性的考量范畴，政治认同成为国家行使有效、有力治理的前提，没有认同就缺失治理的合法性。20 世纪 80 年代以来共同体主义盛行，共同体的知识与理论被运用于解释和建构包括民族、国家在内的各类共同体。于是政治认同理论与共同体理论相互交织，成为研究多民族国家建设与民族事务治理的重要理论视角。认同，尤其是政治认同被视为共同体缔结和存续的重要纽带。

认同、政治认同聚焦于国家认同研究，阐释民族共同体结成的纽带问题；共同体理论聚焦于多民族国家的内部结构组成和整体聚合问题研究。诚然，认同具有自身的系统性和层次性，也存在结构性的问题，这决定了“人”的意义上的民族建设与权力和制度意义

① 王建娥：《族际政治民主化：多民族国家建设和谐社会的重要课题》，《民族研究》2006 年第 5 期，第 1—11 页。

上的国家建设合拍、合力问题。林尚立指出，国家建设在努力改善国家认同的同时，也必须时时从国家认同的角度来检视国家建设面临的问题与挑战，从而将国家制度的健全、国家结构体系的优化与国家认同的深化有机地统一起来。从这个角度讲，现代国家建设实际上是一项系统工程，即实现人、制度与政治共同体有机统一的系统工程。基于此，判定一个国家建设与发展水平的高低，甚至判定一个国家机体的健康与否，显然不是单项的制度标准所能确定的，而是要综合考察这个系统的实际状态。在这种考察中，从国家认同来检视国家建设无疑是一个重要的维度。[①] 因而，从政治学的角度进行深层的分析，铸牢中华民族共同体意识就是加强国家认同（中华民族认同）的工程，也是检视我国多民族国家建设的重要维度。

悠久的中华文明赋予了中国现代国家建设的历史合法性与历史基础。正如马丁·雅克指出的，就中国而言，活着的不仅仅是历史，还有文明本身：活着的文明概念提供了中国人思考国家和定义自己的首要身份和背景。[②] 不同于西方国家的民族共和模式、多元文化主义模式和自由主义公民模式，铸牢中华民族共同体意识代表了中国特色多民族国家建设的理路。简而言之，欧洲国家的形成和民族建设的历史，在理论上可以概括为“国家”和“民族”关系的两种“理想类型”，即建立在“文化冷漠”基础上的“国家—民族”的“法国”模式和构建“民族差异”并赋予其政治和法律意义

---

① 林尚立：《现代国家认同建构的政治逻辑》，《中国社会科学》2013 年第 8 期，第 22—46 页。

② Martin Jacques，*When China Rules the World*（London：Penguin Books Ltd，2009），pp. 202—203.

的“民族—国家”的“德国”模式。[①]“中华民族大家庭”是中国特色社会主义民族理论中关于民族建设的概括，“共同体”则是大家庭的现代国家形式。中国人对于家庭有着浓厚的情感与独特的认知，乃至于形成了独一无二的家国认知体系，家、家庭也因而成为贯穿中国历史的社会话语与政治话语。从“天下一家”“四海一家”到“祖国大家庭”“社会主义大家庭”“中华民族大家庭”，人们被自然而然地带入家、社会、国家乃至全人类的“涟漪”扩展体系。[②]从“大家庭”到“现代国家”是一种自然的转型，从家庭成员的亲情认同到现代民族认同是一种自然的升级。当代中国多民族国家建设理路对于“大家庭”“共同体”“党的集中统一领导”等的强调和落实，较好地回应了多元文化主义在实践中日益凸显的“团结的危机”与“整合的困境”。[③]中国特色多民族国家建设理论尊重差异、包容多样、增量有机性团结、取向共同体建设。铸牢中华民族共同体意识的理论价值，一方面体现在中华民族实现伟大复兴的进程中，确保中华民族始终包容、内聚，这是现代中国民族建构的重大议题；另一方面体现在激烈的国际竞争中，面对外来的对抗与风险，铸牢中华民族共同体意识能让中华民族强筋健骨。[④]

在用政治学的民族建设理论阐释中国的多民族国家建设议题

---

① Josef Marko, “Human rights and ethnopolitics,” in *Routledge Handbook of Ethnic Conflict*, eds. Karl Cordell and Stefan Wolff (London: Routledge, 2010), p. 236.

② 严庆：《中国特色民族理论话语中的“大家庭”解读》，《中南民族大学学报》（人文社会科学版）2020 年第 6 期，第 22—26 页。

③ 严庆、于浩宇：《当代中国多民族国家建设的理路及其时代价值——兼论中华民族共同体意识的铸牢策略》，《探索》2021 年第 3 期，第 58—68 页。

④ 严庆：《探索与创新：中国共产党民族理论的百年发展管窥》，《湖北民族大学学报》（哲学社会科学版）2021 年第 1 期，第 1—10 页。

上，王希恩研究员认为，党的十八大以来，铸牢中华民族共同体意识的提出标志着党在中华民族建设问题上的进一步自觉，也标志着马克思主义中国化在民族规律认识上的进一步自觉。中华民族建设的核心是铸牢中华民族共同体意识。[①]从中华民族建设的视角考量铸牢中华民族共同体意识问题是一种深刻的关于“国家大是”的政治学思考，有助于从多民族国家建设的高度、深度、广度把握和认知铸牢中华民族共同体意识这一政策指向和工作主线。

从这样的深度把握铸牢中华民族共同体意识，就能更容易地理解把握“铸牢中华民族共同体意识是维护各民族根本利益的必然要求”“铸牢中华民族共同体意识是实现中华民族伟大复兴的必然要求”“铸牢中华民族共同体意识是巩固和发展平等团结互助和谐社会主义民族关系的必然要求”与“铸牢中华民族共同体意识是党的民族工作开创新局面的必然要求”。[②]

二、深刻领悟“四个与共”的共同体意识理念

在2019年召开的全国民族团结进步表彰大会上，习近平总书记提出，实现中华民族伟大复兴的中国梦，就要以铸牢中华民族共同体意识为主线，把民族团结进步事业作为基础性事业抓紧抓好。[③]随后，学术界和政务部门围绕铸牢中华民族共同体意识展开了热烈讨论，成果林林总总，但并未就中华民族共同体意识的内涵形成共识。

---

① 王希恩：《中国共产党的中华民族建设实践及理论创新》，《西北民族研究》2021年第2期，第5—10页。

②《以铸牢中华民族共同体意识为主线 推动新时代党的民族工作高质量发展》，《光明日报》2021年8月29日，第1版。

③《坚持共同团结奋斗共同繁荣发展 各民族共建美好家园共创美好未来》，《光明日报》2019年9月28日，第1版。

高承海认为，当前学者们关于中华民族共同体意识的内涵存在三种不同的理解：第一种是将中华民族共同体意识看作一种心理过程或心理意识；第二种是将中华民族共同体意识看作一种民族观；第三种是将中华民族共同体意识看作一种国家（集体）认同。① 雷振扬、兰良平在高承海归纳的基础上，将我国学者对“中华民族共同体意识”内涵的阐述概括为“心理意识”“民族观”“国家认同”及“观念形态”四种表达。② 这些研究为我们多维度理解中华民族共同体意识提供了铺垫，笔者认为，我们可以从发生学和实质性的角度、功能或本质的角度对其进行简约划分。

一方面，从发生学的角度看，中华民族共同体意识是对中华民族共同体存在的反映；其实质是一种意识、思想，具有能动作用。代表性观点有：“中华民族共同体”是客观实体或客观存在，而“意识”是一种思想、观念、精神等主观层面的认知结果，中华民族共同体意识是思想层面的意识。③ 作为反映中华民族共同体存在的观念形态，中华民族共同体意识强调了民族成员经物质和精神交往之后所形成的思想观念，作为中华民族共同体意识产生的物质承载，中华民族共同体的生成和演化制约了中华民族共同体意识形成和发展的历史轨迹。④

---

① 高承海：《中华民族共同体意识：内涵、意义与铸牢策略》，《西南民族大学学报》（人文社会科学版）2019 年第 12 期，第 24—30 页。

② 雷振扬、兰良平：《铸牢中华民族共同体意识：研究现状与深化拓展》，《中南民族大学学报》（人文社会科学版）2020 年第 4 期，第 24—31 页。

③ 徐杰舜：《“铸牢中华民族共同体意识”理论的内涵与学术支撑》，《湖北民族大学学报》（哲学社会科学版）2020 年第 4 期，第 77—86 页。

④ 范君、詹小美：《铸牢中华民族共同体意识的文化方略》，《思想理论教育》2018 年第 8 期，第 49—55 页。

另一方面，从本质或功能的角度看，中华民族共同体意识是一种群体身份认同，本质上属于政治认同，具有推动多民族国家建设的功能。代表性观点有：其一，中国公民身份意识。如王延中认为，同与自己的民族身份关联在一起的民族身份意识一样，与自己的国族身份或者中国公民的身份密不可分的就是中华民族共同体意识。一个人的民族身份意识不是与生俱来的，同样他的中华民族共同体成员意识和中国公民意识也是需要教育和培养的。[①] 其二，民族群体身份归属。高承海认为，中华民族共同体意识的本质是各民族成员对共有身份——“中华民族”的认同意识，包括认知、情感和行为三个维度。[②] 其三，共同的命运认同。中华民族共同体意识是对历史上中华各民族在政治、经济、文化方面交往交流交融的认同，是对 56 个民族同呼吸、共患难、“你中有我、我中有你、谁也离不开谁”的命运共同体的认同。[③]

以上两个方面的划分旨在表明中华民族共同体意识能够推进中华民族共同体建设（辩证唯物主义的意识能动性），中华民族共同体意识能够为中华民族共同体提供认同纽带（共同体理论的形成机理）。也就是说，铸牢中华民族共同体意识能够从发挥能动作用、提供认同支持两方面推进中华民族共同体建设。

2021 年中央民族工作会议上，习近平总书记指出，铸牢中华民族共同体意识，就是要引导各族人民牢固树立休戚与共、荣辱与

① 王延中：《铸牢中华民族共同体意识 建设中华民族共同体》，《民族研究》2018 年第 1 期，第 1—8 页。

② 高承海：《中华民族共同体意识：内涵、意义与铸牢策略》，《西南民族大学学报》（人文社会科学版）2019 年第 12 期，第 24—30 页。

③ 沈桂萍：《铸牢中华民族共同体意识是民族工作的核心理念》，《中央社会主义学院学报》2017 年第 6 期，第 103—107 页。

共、生死与共、命运与共的共同体理念。这种用“四个与共”的共同体理念解读铸牢中华民族共同体意识内涵的方式，将抽象的共同体意识进行了“准具象化”的处理。之所以称之为准具象化，是因为“四个与共”本身也具有抽象性，只不过限定了抽象表意的范围。休，喜悦；戚，悲伤；休戚与共，意指各族人民有幸福共同享受，有祸患共同抵挡，侧重于情感体验与利益得失同感。荣，光荣；辱，耻辱；荣辱与共，意指各族人民光荣共同分享，耻辱相互感受，侧重于尊严体面、荣誉骄傲。生，一起生；死，一起死；生死与共，意指各族人民情深谊长、相濡以沫，侧重于友情亲情、忠诚依存。命，定数；运，变数；命运与共，意指各族人民共同主宰命运、把握未来，侧重于历史记忆、前途选择。可见，“四个与共”的理念紧扣“情感”“认同”“意识”所要表达的精髓，体现出中华民族伦理的情感温度与中华民族文明的精神力量，激荡着掏心见胆、赤诚共情。

如何选择和凝结超大规模共同体的纽带是一个难题，因为作为纽带的东西要超越众多差异性，价值、情感和信念便成为首选。“四个与共”是中华民族全民心力和精神追求的集中表现，具有自然而然的中国本土象征意义，符合家国情怀的扩展与升华感知。这样的理念表述显然不同于西方社会缔结共同体的契约条款所表达的得失精于利。“四个与共”意味着各民族彼此是亲人、家人。共同体的理念，侧重于“神”的维度，共同体“形”的不同维度具体体现在政治、经济、文化、社会等领域。共同体意识的阐释和铸牢聚焦于理念、意识、精神、情感层面，共同体的建设和推进则落实在政治建设、经济建设、文化建设、社会建设中。潘维认为，中国与西方在社会体制方面存在着四个方面的差异：第一，家庭而非个人是中国社会的基本组成单位；第二，社会网格不是由市民社会构成，而是由以家庭为基础的、以血缘为纽带的自然社区组成，“虚拟血缘”构成“大家庭”，依然是中国社会的正统信念，也是中式“伦理道德”的源泉；第三，家国不分，家国一体，无限扩大，虚拟的家庭就是国家；第四，弹性的家庭“伦理”，而非国家与社会契约的法理，是社会纽带，也是政府与社会关系的纽带。对“大家庭”的责任感是政府的基本信条。①“四个与共”显然符合中国的社会体制，具有自带的合法性，容易滋养出情感、认同、凝聚的力量。

“四个与共”聚焦的是人的共同体建设，并不局限于政治共同体的建设，因而“四个与共”的意涵显然超出了国家时代的长度，意在深远。但在主权国家时代，人民主权就是中华民族共同体的主权，人的共同体与政治共同体或国家共同体具有叠合性。可以理解为，铸牢中华民族共同体意识的本质在于增强国家认同。

三、从铸牢意识到建设行动

在党和国家的重大会议上明确提出实践或行动意义上的“推进中华民族共同体建设”当属首次，这也意味着铸牢中华民族共同体意识与建设中华民族共同体的相互促进、转化。

2014 年以来，学术界基本倾向于中华民族共同体意识研究，当人们普遍强调铸牢中华民族共同体意识时，似乎会产生一种错觉，那就是以为只有通过发挥意识对实践的能动作用，才能推动中华民族共同体建设行动，从而忽视中华民族共同体的本体性和中华民族共同体建设实践的客观实在性。建设中华民族共同体也是新中国成

---

① 潘维：《比较政治学理论与方法》，北京大学出版社，2014，第 115—116 页。

立以来党和国家的重要任务和目标，尽管在进入新时代之前没有强调“建设中华民族共同体”的话语与标识，但切切实实的建设努力一直在进行。例如，系统的民族政策实践都是中华民族共同体建设的实践。强调铸牢中华民族共同体意识，是从意识形态建设的角度形成正确的认同，并以此指导社会成员的言行，从而维护和促进中华民族共同体的建设。

2021 年中央民族工作会议指出：铸牢中华民族共同体意识是党的民族工作开创新局面的必然要求，只有顺应时代变化，按照增进共同性的方向改进民族工作，做到共同性和差异性的辩证统一、民族因素和区域因素的有机结合，才能把新时代党的民族工作做好做细做扎实。[①] 这句话包含了三层意思：其一，铸牢中华民族共同体意识是新时代民族工作的开局要求，是形势所趋，要按照增进共同性的方向加强和改进工作，是否、能否增进共同性是研判工作成效好坏的标准。其二，增进共同性要坚持原则，不能违背规律，增进共同性不影响尊重差异性，共同性包括不同民族之间的共同性和同一区域内的、不同区域内的共同性，共同性的增进有一个过程，也有一个不断扩展的格局，增进共同性既有便利条件的推动，更需工作主体的主动作为。其三，铸牢中华民族共同体意识、增进共同性不是口号和想法，而是好的、细致的、扎实的做法，要有具体的载体和抓手，需要各地从实际出发，选好增进点。

增进共同性主要体现在各民族的现代化进程中，这是由新时代的重大任务和各民族的必然选择所决定的。2020 年 10 月，党的

---

①《以铸牢中华民族共同体意识为主线 推动新时代党的民族工作高质量发展》，《光明日报》2021 年 8 月 29 日，第 1 版。

十九届五中全会审议通过了《中共中央关于制定国民经济和社会发展第十四个五年规划和二〇三五年远景目标的建议》，这是开启全面建设社会主义现代化国家新征程、向第二个百年奋斗目标进军的纲领性文件，指明了党和国家事业发展的新目标。在由“十二个必须”构成的习近平总书记关于加强和改进民族工作的重要思想中，第二个“必须”指出：必须把推动各民族为全面建设社会主义现代化国家共同奋斗作为新时代党的民族工作的重要任务，促进各民族紧跟时代步伐，共同团结奋斗、共同繁荣发展。① 新时代的民族工作主题要紧紧围绕重要任务——全面建设社会主义现代化国家，完成这一任务的过程也是各民族实现现代化的过程。

对人类来讲，现代化是一种必然选择，但如果没有良好的制度作为保障，资本的力量便可能攫取市场、机遇和财富，从而造成财富的分配不均和结构性的社会矛盾。2020 年 9 月，尼克·哈诺尔和大卫·M·罗尔夫在《时代》周刊撰文指出：最富有的 1% 的美国人从最贫穷的 90% 的人那里拿走了 50 万亿美元，这让美国变得更不安全。现在的美国，47% 的租房者背负着成本负担，40% 的家庭无法支付 400 美元的应急费用，55 岁以上的美国人有一半根本没有退休储蓄。在美国，有 2 800 万人没有医疗保险，4 400 万医保不足的美国人无法负担免赔额或自费使用他们拥有的保险。② 这种贫富悬殊的现代化不是我们的选择。中国式现代化追求的是“富强、民主、文明、和谐、美丽”的现代化，以建设社会主义物质文明、政

---

①《以铸牢中华民族共同体意识为主线 推动新时代党的民族工作高质量发展》，《光明日报》2021 年 8 月 29 日，第 1 版。

② Nick Hanauer and David M.Rolf，“The Top 1% of Americans Have Taken $50 Trillion From the Bottom 90%—And That’s Made the U.S. Less Secure，” *TIME*，September 14，2020.

治文明、精神文明、社会文明、生态文明五大文明为宗旨。[①]在中国共产党的领导下，在社会主义制度的保障下，我们业已消除了由自然、历史等因素导致的贫困。我们也有理由坚信，各民族的现代化进程会让各民族共同发展，走向共同繁荣。中央民族工作会议从多个方面对今后的民族工作作出了部署，这些部署都与国家的现代化进程同频。有学者指出：民族地区同步小康、同步现代化是同步铸牢中华民族共同体意识的伟大实践，同步铸牢中华民族共同体意识是同步小康、同步现代化的精神动力。同步铸牢中华民族共同体意识是始终贯穿同步小康、同步现代化进程的主线。民心同向，政治建设“一条心”，努力构建中华民族政治共同体和命运共同体；民利同连，经济和生态建设“一盘棋”，努力构建中华民族经济共同体和生态共同体；民情同融，文化和社会建设“一个调”，努力构建中华民族文化共同体和社会共同体。[②]

从既有国家的现代化进程来看，现代化是经济社会共同性不断增长的进程，这是由教育现代化、产业现代化、技术现代化、生活方式现代化等综合决定的。相比之下，我国的现代化更具增进共同性的优势。张占斌、王学凯认为，中国式现代化的特殊性主要体现在以下几个方面：第一，是中国共产党领导的社会主义现代化；第二，是14亿多人口规模巨大的现代化；第三，是追求全体人民共同富裕的现代化；第四，是物质文明和精神文明相协调的现代化；第五，是传承中国文化和光耀中华文明的现代化；第六，是实现国家治理体系和治理能力的现代化；第七，是人与自然和谐共生的现

① 刘守英：《中国式现代化的主要特征》，《中国人民大学学报》2021年第4期，第7—8页。

② 李俊杰、王平：《民族地区应在小康社会与现代化建设中同步铸牢中华民族共同体意识》，《中南民族大学学报》（人文社会科学版）2021年第8期，第20—28页。

代化；第八，是走和平发展道路的现代化。可见，这些特点几乎都体现在中央民族工作会议关于新时代民族工作高质量发展的部署之中。

四、结语

作为一个超大规模的、典型的多民族国家，究竟采用怎样的理路进行建设，不仅是来自中国之外的发问，也是中国自身要作答的问题。历史表明，西方民族主义的模式不是良方，也难以解决中国的问题。西欧的民族主义是一种地域性的民族主义，即认为生活于同一领土内的住民，只要在统一的法律和制度之下建立起一种团体意识和共同的文化，就可以成为同一民族。很明显，西欧的民族是一种政治型的民族，一种与国家领土同心圆的民族，也就是国民。近代西方建立民族国家的方法是从国家到民族，即按照国家的规模形成民族。而近代中国建立民族国家的方法则是从民族到国家，即按照民族的规模形成国家。① 铸牢中华民族共同体意识是中国现代多民族国家建设的重要方略，遵循着多民族国家建设的一般规律，又散发着独特的东方智慧光芒。在现代中国的新发展阶段，民族概念的重心逐渐从近代以来为争取民族解放和民族自决提供精神支撑的“中华民族”观念，进一步发展成为为实现国家统一和政治团结提供身份认同的“中华民族共同体”意识。② 铸牢中华民族共同体意识是民心色彩浓郁的认同政治，是家国情怀浓郁的共同体建设理论。

---

① 王柯：《民族与国家：中国多民族统一国家思想的系谱》，冯谊光译，中国社会科学出版社，2001，第 215 页。

② 李义天、赵嘉：《作为政治思潮的民族主义：历史与问题》，《山西师大学报》（社会科学版）2021 年第 4 期，第 73—80 页。

本体建设与意识铸牢：试论中华民族共同体研究的理路[①]

自2014年习近平总书记在第二次中央新疆工作座谈会上首次提出“中华民族共同体意识”，政界和学术界便高度重视对“中华民族共同体意识”的宣传与解读。而2017年中国共产党第十九次全国代表大会召开之后，“铸牢中华民族共同体意识”的宣传与研究更是空前热烈，具体表现为学术论文数量的井喷式增长、研究基地的遍地开花、学术会议的接踵而至，政界、学界乃至全社会对这一主题的关注度、知晓度不断提升。2019年以来，《新时代公民道德建设实施纲要》《新时代爱国主义教育实施纲要》《深化新时代学校民族团结进步教育指导纲要》等相继出台，这些文件的发布也直接或间接推动了铸牢中华民族共同体意识的研究。

通过文献阅读与田野调查，笔者发现，伴随着全国各级各类学

① 本文系国家民委铸牢中华民族共同体意识研究专项“各级各类学校铸牢中华民族共同体意识教育研究”（项目编号：2020-GMZ-004）、2018年度教育部哲学社会科学研究重大课题攻关项目“健全民族团结进步教育常态化机制研究”（项目编号：18JZD054）的阶段性成果。本文原发表于《西北师大学报》（社会科学版）2021年第6期。

校贯彻落实以上三个纲要，一些困惑也随之浮出，如：其一，铸牢中华民族共同体意识与爱国主义教育、深化民族团结进步教育之间是怎样的关系？铸牢中华民族共同体意识与爱国主义教育、深化民族团结进步教育是否可以相互替代或实现“三合一”？其二，铸牢中华民族共同体意识是不是只强调意识形态层面的教育？铸牢中华民族共同体意识与中华民族共同体、中华民族共同体建设实践之间是怎样的关系？其三，中华民族大家庭和中华民族共同体之间是怎样的关系？为此，笔者尝试从以下三个方面回应这些困惑。

一、是与势：中华民族共同体建设与发展的基本逻辑

是，既包括“对，正确”的意涵，又具有“事情”的涵义，从这样的涵义去理解，中华民族共同体建设正是国是，也就是说中华民族共同体建设是执政者必须要做的，必须要做好的，正确的、做得对的国家重大计划和重大政策。势，可以理解为情势、态势和趋势。在本文中，势系指一种不同区域的社会成员个体、群体意义上的各民族成员取向共同性不断增加的现实局势和未来趋势。是与势，概括出执政党的中华民族共同体建设努力和各族人民在经济社会等领域不断结成共同体的现实依存及发展取向。

（一）中华民族共同体建设是国家大是

1. 民族建设与中华民族建设

民族建设或民族统一构设是一个规范的政治学概念，是指为促进民族一体化而制定的诸项政策之和。民族建设是一个建筑学上的比喻，意指引导一国内部走向一体化，使其居民结为同一民族成员的过程。18 世纪后期，民族建设作为一项国家政策，以美国革命和法国大革命为背景提出来，政策朝向为公共权威和公民忠诚的双重

发展，民族建设被视为一项国家政策和整合进程。[①]也就是说，民族建设是执政者运用国家力量塑造国民认同的过程或工程。

从多民族国家建设的角度讲，中华民族共同体建设，亦即中华民族建设，是执政者民族建设（nation building）的“主责主业”。王希恩研究员认为，党的十八大以来，铸牢中华民族共同体意识的提出标志着党在中华民族建设问题上的进一步自觉，也标志着马克思主义中国化在民族规律认识上的进一步自觉。[②]从中华民族建设的视角考量铸牢中华民族共同体意识议题是一种深刻的政治学思考，有助于从多民族国家建设的高度、深度、广度把握和认知铸牢中华民族共同体意识这一政策指向和工作主线。

具体就中国而言，多民族是基本国情，中华民族建设就是要在国际竞争的大背景下，不断提升中华民族的内在包容力、凝聚力，不断增强国民的国家认同感，不断增强各族人民对中华民族的归属感，以此克服外来的“一族一国”的狭隘民族主义挑战，克服多元文化主义对于统一多民族国家的解构效应，消抑内部可能滋生的“我族中心”主义、分离主义、地方主义以及社会“碎片化”等负面影响。

2. 中华民族建设就是建设中国的国家民族

在中国语境中，民族具有国家民族（中华民族）和构成国家民族的 56 个民族的意涵所指，甚至可以用来统称部族、族群、原住民等西方族类群体，但在铸牢中华民族共同体意识这一层面，则要

① 韦农·波格丹诺英文版主编、邓正来中译本主编《布莱克维尔政治制度百科全书》，中国政法大学出版社，2011，第 407—408 页。

② 王希恩：《中国共产党的中华民族建设实践及理论创新》，《西北民族研究》2021 年第 2 期，第 5—10 页。

准确把握中华民族的内涵。周平教授指出，中华民族拥有多方面的本质：首先，中华民族具有悠久而深厚的历史基础，却是经过现代构建才具有今天的形态，因而是一个现代民族；其次，中华民族的现代构建在中华人民共和国成立时最终完成，并与现代国家有机结合在一起，具有了国家形式，因而是一个国家民族；再次，中华民族的形成既符合现代民族形成的一般规律，又依凭特定历史文化造成的因素，因而是一个复合民族；最后，中华民族既蕴涵现代民族所具有的国民性机制，又蕴涵着悠久的历史文化造就的族际性机制，因而成为一个蕴涵多种机制的民族。[①] 四个方面分别指向现代性、国家性、复合性、有机性，这是中国特色的国家民族概念。现代性侧重于治理与建构，国家性侧重于政治属性，复合性侧重于历史合法性，有机性侧重于内部结构，这样的阐释有助于理解中华民族建设理论与实践的特点，那就是实现了历史与现实、国家与社会、政治与文化、局部与整体的统一。

罗塞马里尼·霍夫特（Rosemarijn Hoefte）和沃特·维内达尔布（Walter Venedarb）认为，中国人在近代建国之前就已经有了强烈的民族认同感，具有民族建设的基础。[②] 比较而言，移民国家难以从历史传统中寻得民族建设合法性的支持，因为只要回首历史，对于加拿大、美国、澳大利亚、新西兰等国家的建国民族而言，便是走出欧洲的回忆，对于这些国家的原住民或土著人群体而言，便是被殖民、被掠夺的委屈。在所谓的西方民主国家，国家权力为精英和富裕者阶层所垄断，社会以“个人原子论”为基础形成松软肌

---

① 周平：《我们是谁：对中华民族的再认识》，《探索》2021 年第 3 期，第 26—36 页。

② Rosemarijn Hoefte and Walter Venedarb, “The Challenges of Nation-Building and Nation Branding in Multi-Ethnic Suriname,” *Nationalism and Ethnic Politics* 25, No. 2 (2019).

体，当国家政治难以回应社会诉求时，民粹主义便常常登台；多元文化主义政策虽然一定程度上能够解决族类群体的文化诉求，但社会资源分配的根本在于政治权力的获得，种族主义不时泛起的深层原因在于群体文化尊重与群体政治乏力之间的矛盾；在以自由主义为底色的国家，群体与地方自治的结合通常会选择联邦制的制度设计，其结果是对局部或是“多元”的倾斜，从而弱化了整体或是“一体”的摆位和治辖力。

3. 西方的民族国家建设难寻良方

民族国家建设（nation-state building）天然地包含着“民族建设”和“国家建设”两个层面，两者的有机互动，即指向“民族建设”的“语言、文化、历史、传统”与指向“国家建设”的“法规、政策、制度、宣传”的有机结合，共同缔造了“民族国家”（nation-state）这一全体国民共享的政治共同体。多民族国家作为现代民族国家的主要存在形式，其合法性建构在各民族群体对国家认同的基础上，然而“民族认同”与“国家认同”这两个根脉相通的孪生体并非在行动上始终保持一致，有时候甚至会出现背道而驰的现象。[①] 这样的现象常见于西方国家。

在威尔·金里卡归纳的五种应对多民族国家的认同和团结问题的策略中，“大力倡导主流民族的民族认同，将主流民族认同树立为国家认同，并以此同化其他民族”的策略，缺乏道义正当性，属于同化主义策略；“平等地对待各民族（既包括主流民族也包括少数民族）的民族认同”的多元文化主义策略，由于缺乏“超民族

---

① 严庆、平维彬：《西方多民族国家建设的类型化研究——基于弗朗西斯·福山的“建构主义”视角》，《广西民族研究》2018 年第 3 期，第 1—8 页。

认同”的统合，往往导致社会区隔分治而难以实现多民族国家的团结；“超民族认同”的策略往往被少数民族认为是主流民族在利用自己的民族认同和利益特权定义国家认同；抛开民族群体认同的“公民认同”策略，强调没有“民族成员”只有“公民个体”的主张显然否认了族类群体认同的客观性和正当性；而金里卡倡导的“共同分享的民族认同”策略，主张尽可能地在各民族之间发现共同的价值目标（比如和谐、富裕）和历史记忆（比如对农奴制的废除），从而在充实各民族认同内容的基础上，使这些民族认同产生交集，构成国家认同。① 但在崇尚个人主义、实行多党制的国家，金里卡的希冀难以顺利实现。可见，以上五种多民族国家建设策略似乎均难以奏效。

与西方国家相比，中国的多民族国家建设既拥有“大一统”的历史传统，又拥有集体主义、家国情怀、守望相助的价值和信念优势，还拥有中国特色社会主义制度优势。近百年以来，中国共产党团结各族人民选择了社会主义，以人民为中心的国家建设与以团结为生命线的民族建设互相融通、促进，克服了西方多民族国家建设内在的国家建设与民族建设之间的斥力，其根本在于作为中华民族先锋队的中国共产党能够代表、团结、凝聚、领导各族人民。中国共产党既是国家建设稳定的领导核心，也是民族建设稳定的领导核心，而社会主义制度、社会主义道路又进一步将国家建设与民族建设联结一体、通力共振。②

---

① 李义天主编《共同体与政治团结》，社会科学文献出版社，2011，第33—39页。

② 严庆、于浩宇：《当代中国多民族国家建设的理路及其时代价值——兼论中华民族共同体意识的铸牢策略》，《探索》2021年第3期，第58—68页。

4. 中华民族共同体是中华民族建设的标志性话语

中华民族是一个集体概念，她是中国56个民族、中国人民和海外中华儿女的统称。中华民族内涵具有承转开合的特点，她可以被理解为一个共同体，也可以被比喻为一个大家庭。承转，凸显出中华民族共同体的发展性，从中华民族的历史、文化中析出合法性；开合，体现出中华民族共同体的包容性，用“家的模式”包容国内各民族，包容两岸人民，包容海外的中华儿女。①

中华民族大家庭，是一个比喻，她将中华民族和各民族的关系，比喻为一个大家庭和家庭成员的关系，将各民族的关系比喻为一个大家庭里不同成员的关系。“大家庭”所呈示的内聚性和亲和性不断转化为团结统一的力量。“大家庭”是中国特色社会主义民族理论学术话语体系中的标志性话语，具有浓郁的东方风格和普适性的传播效能，“大家庭”也是中国特色统一多民族国家建设理论的模式概括。“大家庭”具有自然而然的中国本土象征意义，符合家国情怀的扩展与升华感知。②

中华民族共同体则进一步凸显出政治学意义上的规范性，是多民族国家建设的学理性、标志性话语。民族是人们在长期的历史进程中形成的稳定的共同体，铸牢中华民族共同体意识就是明确中华民族建设的主体，就是强调中华民族成员的自我认同和觉悟。它是民族工作的主线，也是全部中华民族建设的主线和根本。③

---

① 严庆：《承转与开合中的中华民族内涵分析——兼论十八大以来习近平关于中华民族的表述》，《湖北民族学院学报》（哲学社会科学版）2018年第3期，第17—23页。

② 严庆：《中国特色民族理论话语中的“大家庭”解读》，《中南民族大学学报》（人文社会科学版）2020年第6期，第22—26页。

③ 王希恩：《中国共产党的中华民族建设实践及理论创新》，《西北民族研究》2021年第2期，第5—10页。

综上，理解和把握中华民族共同体研究，必须摆位于多民族国家建设、中华民族建设的高度，这样的摆位也意味着要加强和深化铸牢中华民族共同体意识的学理研究，而不仅仅是意识形态建设或是思想教育的视域，也不仅仅是一项政策或一项工作的视野。

（二）中华民族共同体发展是国家大势

社会主义时期是各民族共同性因素不断增多的时期，这既是我国政治、经济、社会、文化发展的事实，也是愈发明显的走向和趋势。这种走向和趋势是由社会主义制度和社会主义的本质所决定的，也是由各民族交往交流交融所推动的。

第七次全国人口普查数据显示，居住在城镇的人口为 90 199 万人，占 63.89%；居住在乡村的人口为 50 979 万人，占 36.11%。与 2010 年相比，城镇人口增加 23 642 万人，乡村人口减少 16 436 万人，城镇人口比重上升 14.21 个百分点。随着我国新型工业化、信息化和农业现代化的深入发展和农业转移人口市民化政策落实落地，10 年来我国新型城镇化进程稳步推进，城镇化建设取得了历史性成就。人户分离人口为 49 276 万人，其中，市辖区内人户分离人口为 11 694 万人，流动人口为 37 582 万人，流动人口中跨省流动人口为 12 484 万人。与 2010 年相比，人户分离人口增长 88.52%，市辖区内人户分离人口增长 192.66%，流动人口增长 69.73%。我国经济社会持续发展，为人口的迁移流动创造了条件，人口流动趋势更加明显，流动人口规模进一步扩大。以上数据呈现出两个重要趋势：一是全国城镇化水平不断提高，二是全国流动人口不断增加。

城镇化进程加快促进了各族人民在城市集聚，相比于农牧区的经济社会结构，生活在城镇的人们身份关系更加复杂，相互依存性更强，各民族共居共学共事共乐的社会条件更加充分，城市生活和城市文化对市民共同性的型塑作用更加明显。人口跨区域、高频率流动，必然促进各民族交往广泛、交流全面、交融深入。除了各民族大流动、大融居的人口分布特点，多途径、多形式的人口流动也进一步增强了社会的液态化，例如 2019 年，我国国内旅游人数达到 60.1 亿人次，比 2015 年增长 50.2%。① 伴随着新业态新模式快速成长，数字经济、共享经济、平台经济快速兴起，视频直播、电商零售、在线问诊、远程办公等新模式成长迅猛。2021 年 1—4 月份，实物商品网上零售额同比增长 23.1%，两年平均增长 15.6%，占社会消费品零售总额比重达 22.2%；快递业务量同比增长 59.9%。移动互联网应用场景不断丰富，移动终端数量快速提升，带动移动互联网流量持续扩大。2021 年 1—4 月份，移动互联网累计流量同比增长 37.7%。② 地天交通网、数字云网成为不断增强国家全域经济联系、社会多维互嵌、文化兼容并包的基础与保障。

各民族在经济、社会、文化领域的嵌合依存性增强、共同性增加是由国家社会的发展所决定的，而国民的政治社会化、社会主义核心价值观弘扬等又不断促进各民族的中华民族认同、国家认同增强。尽管学术界对中华民族共同体给出了政治共同体、经济共同体、文化共同体、社会共同体、精神共同体、利益共同体等多维阐释，但笔者认为，中华民族共同体的实质是政治共同体，政治共同体的建设与发展需要经济条件、社会基础、文化和价值纽带等。从不同角度将中华民族共同体理解为多维共同体是可以的，但如果不凸显中华民族共同体是政治共同体的实质则有可能弱化对多民族国

① 宁吉喆：《以经济发展新成效确保开好局起好步》，《人民日报》2021 年 1 月 4 日，第 9 版。

② 宁吉喆：《我国经济持续恢复稳中向好》，《学习时报》2021 年 6 月 4 日，第 1 版。

家建设意义的理解与把握。各民族共同开发了祖国的锦绣河山、广袤疆域，共同创造了悠久的中国历史、灿烂的中华文化。我国历史演进的这个特点，造就了我国各民族在分布上的交错杂居、文化上的兼收并蓄、经济上的相互依存、情感上的相互亲近①，这里的分布交错、文化兼蓄、经济依存、情感亲近是形成中华民族共同体的条件或纽带。

中华民族共同体建设属于民族建设工程，是多民族国家建设的重要内容，是国家软实力建设的内容，也是执政党的重要职能和责任。中华民族共同体建设也是经济建设、政治建设、文化建设、社会建设、生态文明建设的多位一体，是国家整体发展的自然趋势，各民族共通性因素、共同性因素的不断增量，有利于促进中华民族共同体建设的进程。在2021年的中央民族工作会议上，习近平总书记指出：铸牢中华民族共同体意识是党的民族工作开创新局面的必然要求，只有顺应时代变化，按照增进共同性的方向改进民族工作，做到共同性和差异性的辩证统一、民族因素和区域因素的有机结合，才能把新时代党的民族工作做好做细做扎实。②

二、空中月与水中影：中华民族共同体与铸牢中华民族共同体意识

当人们普遍强调铸牢中华民族共同体意识时，似乎会产生一种错觉，那就是以为只有通过发挥意识对实践的能动作用，才能推动

①《中央民族工作会议暨国务院第六次全国民族团结进步表彰大会在北京举行》，《人民日报》2014年9月30日，第1版。

②《以铸牢中华民族共同体意识为主线 推动新时代党的民族工作高质量发展》，《光明日报》2021年8月29日，第1版。

中华民族共同体建设行动，从而忽视了中华民族共同体的本体性和中华民族共同体建设实践的客观实在性。当有人提出铸牢中华民族共同体意识与中华民族共同体的关系时，笔者给出了一个比喻：中华民族共同体意识好比是月亮在水中的倒影，我们在看到水中月亮影子的同时，还要抬头看看挂在空中的月亮，挂在空中的月亮就好比是中华民族共同体自身以及正在进行的中华民族共同体建设。如果只关注水中晃动的月亮的影子，就会觉得月亮是虚幻的、模糊的。这一比喻提示我们，在关注铸牢中华民族共同体意识研究的同时，还要关注中华民族共同体和中华民族共同体建设实践，这有助于避免把铸牢中华民族共同体意识研究泛化、虚化。研究铸牢中华民族共同体意识应当兼顾中华民族共同体本体以及建设实践。中华民族作为共同体的形成与发展是由治者引领建构、民众理性选择、社会自然发展综合决定的。在2021年的中央民族工作会议上，习近平总书记指出：必须以铸牢中华民族共同体意识为新时代党的民族工作的主线，不断推进中华民族共同体建设。①“推进中华民族共同体建设”系在党和国家的重大会议上首次提出。

（一）中华民族共同体是一个命运共同体

中华民族不仅是一个被国家领土和主权边界框定的国家共同体，深受外部他者的制约；也是一个在历史进程中由多元组成一体的民族共同体。②关于国家共同体、国民共同体和民族共同体的三维界定较好地说明了“中华民族共同体是什么”。在由主权国家构

①《以铸牢中华民族共同体意识为主线 推动新时代党的民族工作高质量发展》，《光明日报》2021年8月29日，第1版。

②吴映雪、赵超：《国家、国民与民族：中华民族共同体的三重意涵——基于关系实在论视角的分析》，《中南民族大学学报》（人文社会科学版）2021年第6期，第26—34页。

成的国际政治格局中，中华民族对外是一个独立主权、国格尊严的集体拥有者，这一集体拥有者以国籍为识别标准对应于大和民族、美利坚民族等同样的国家主权、国格尊严的集体拥有者；中华民族的构成个体对内是权利义务平等的个体，并组成国民集合体，这是基于现代民主理念和社会主义民主对于国民个体地位与尊严的平等承认；中华民族内部的族类群体构成结构是多元一体，这是各民族在长期发展进程中客观依存和主观选择共同作用的结果，体现了国家对于民族群体权利的认可。

作为民族共同体，中华民族具有长期的自在发展进程，经济、文化、情感纽带持续发挥缔结和融通功能，尽管围绕天下共主的统合、吸纳、纷争现象时有发生，但汇聚一体的主流没有改变。到了近代，在同仇敌忾反对列强入侵、压迫的斗争中，民众的国民意识、民族的国家意识不断增强，伴随着社会主义民主改革，传统的臣民集合体实现了向现代国民集合体的演变。可见，只有从历史的视角、主权国家的视角、民族构成的视角，才能更为全面、深刻地把握中华民族共同体的本质，也才会进一步明晰开展国家观、民族观、宗教观、历史观、文化观教育与铸牢中华民族共同体意识之间的关系。

（二）中华民族共同体意识是对中华民族共同体的反映

中华民族共同体意识是对“中华民族共同体”这一客观存在的主观反映，它源于历史与现实中各民族交往交流交融的具体实践，以多元一体的共同体认知为基础，以共同体认同与归属感为依托，以国家认同与中华民族共同体认同为核心，以推进实现多民族国家整合和中华民族伟大复兴的中国梦为最终目标。

从多民族国家建设和认同政治的角度看，铸牢中华民族共同体意识型塑的是国民的政治认同。20世纪中叶以来，人类的政治生活和国家建设越来越体现出认同政治的特征，或者说政治系统运转和政治治理越来越强调以广泛的民众认可和赞同为基础。因而，培养民众的政治认同，培养人们对政党、制度、国家在情感和意识上的归属感，便成为现代国家建设的常规内容和基础性工程，因为政治认同是维系政治制度合法性和政治稳定的内在力量。从政治认同的视角看，铸牢中华民族共同体意识是新时代中国特色多民族国家建设的重要方略。[①] 铸牢中华民族共同体意识就是让每一个中华民族的成员都认同和维护中华民族的共同利益，自觉地认同、归属于中华民族大家庭。

也有学者认为，所谓中华民族共同体意识，就是中华人民共和国国民在体认彼此生存发展的共性条件与历史基础上，秉持共善价值规范与能动维护意愿的复兴凝聚心态。成员承载的共同身份属性是中国国民，也就是国内各族人民，这意味着中华民族共同体意识首先是成员对国家身份与公民身份的辨识确认。与这一界定相对应的是中华民族共同体意识三个要素内容，即中国认知体验，这是各族人民理解与体认的共同印象；中国价值信念，这是各族人民承袭与创生的共善关怀；中国行为意愿，这是各族人民期许与实践的共同意志。[②] 这种界定无疑也是将铸牢中华民族共同体意识视为认同政治范畴，只不过进一步挖掘了认同的来源或滋养认同的“养料”是对于中国的共同体认、国家价值信念和行为导向志愿。

---

① 严庆：《政治认同视角中铸牢中华民族共同体意识的思考》，《北方民族大学学报》（哲学社会科学版）2020年第1期，第14—21页。

② 青觉、徐欣顺：《中华民族共同体意识：概念内涵、要素分析与实践逻辑》，《民族研究》2018年第6期，第1—14页。

明确中华民族共同体是客观存在，意在凸显中华民族共同体的本体性。建设中华民族共同体也是新中国成立以来党和国家的重要任务和目标，尽管在进入新时代之前没有强调“建设中华民族共同体”的话语与标识，但切切实实的建设努力一直在进行。强调铸牢中华民族共同体意识，是从意识形态建设的角度形成正确的认同，并以此指导社会成员的言行，从而维护和促进中华民族共同体的建设。中华民族共同体的形成与发展，既有顺应历史自然生成的因素，也有治理者主动建构的因素，还有观念能动规约的因素。铸牢中华民族共同体意识研究，不能仅限于意识层面和认知领域的研究，还应关注中华民族共同体建构与生成发展的角度。铸牢中华民族共同体意识可以依托教育途径而得，也可以通过实践感知而生。将中华民族共同体本体论与中华民族共同体意识反映论结合起来，才是科学的理路、方法与视角。

中华民族共同体的“共同”逻辑基于构成中华民族的56个民族的多元与差异中的“同”，不关注异中存同、异中求同，就可能滑向同质论、同一论的主张，就可能把多元一体的辩证关系简单化。研究铸牢中华民族共同体意识既要注重概念、学理、范式的理性之美，还要密切结合各民族你中有我、我中有你的有机结构、有机格局之实，更要密切结合中华民族交往交流交融之史。同时，研究新时代的中华民族共同体建设与铸牢中华民族共同体意识，还要结合诸多的“共同”。例如公有制的“公有”对“共同”的影响，集体主义的“集体”对“共同”的影响，公共事务、公共服务中的“公共”对“共同”的影响，等等。我们当始终铭记：民族是社会的一部分，民族事务是公共事务的一部分，民族因素越来越嵌合在全局、全域之中。

三、知且行：民族团结进步教育服务于中华民族共同体建设

进入新时代以来，党和国家结合新的形势、围绕新的目标与任务在各个领域相继出台了新的指导思想。例如，在道德建设和意识形态教育方面，《新时代公民道德建设实施纲要》（2019 年 10 月）、《新时代爱国主义教育实施纲要》（2019 年 11 月）等文件相继出台，成为新时代公民道德建设、爱国主义教育的新遵循。

（一）明晰民族团结进步教育的定位

根据笔者的调研，很多一线干部、教师还弄不清爱国主义教育、民族团结进步教育与铸牢中华民族共同体意识之间的关系，在此可以借助梳理相关文件厘清三者之间的关系。

《新时代公民道德建设实施纲要》中提出“以爱国主义为核心的民族精神和以改革创新为核心的时代精神，是中华民族生生不息、发展壮大的坚实精神支撑和强大道德力量”，“倡导一切有利于团结统一、爱好和平、勤劳勇敢、自强不息的思想和观念，构筑中华民族共有精神家园”。[①] 从部分和整体的关系来看，爱国主义教育是新时代公民道德建设的组成部分，也是重要内容。立足道德建设领域，实施爱国主义教育需要弘扬中华民族精神，构筑中华民族共有精神家园，因为精神家园中集聚着各民族共同的真善美与道德价值、精神力量。

《新时代爱国主义教育实施纲要》中规定的基本内容之一就包括“强化祖国统一和民族团结进步教育”。[②] 祖国统一主要体现

---

①《中共中央 国务院印发〈新时代公民道德建设实施纲要〉》，《人民日报》2019 年 10 月 28 日，第 1 版。

②《中共中央 国务院印发〈新时代爱国主义教育实施纲要〉》，中华人民共和国国务院公报 2019 年第 33 号。

为“国权”的统一、“国民”的统一和“国土”的统一，加强祖国统一教育需要心灵、信念、行动统一教育，需要增进广大同胞心灵契合、互信认同，要与分裂祖国的言行进行坚决斗争。爱国主义教育包括国家安全教育和国防教育等多方面的内容，祖国统一教育和民族团结进步教育是针对主权、领土完整和国民团结、民族团结而言的。深化民族团结进步教育，要以铸牢中华民族共同体意识为主线，引导各族群众牢固树立“三个离不开”思想，不断增强“五个认同”，使各民族同呼吸、共命运、心连心的光荣传统代代相传。通过这样的分析，我们就明确了民族团结进步教育、爱国主义教育与铸牢中华民族共同体意识之间的逻辑关系。

2019 年 10 月中共中央办公厅、国务院办公厅印发了《关于全面深入持久开展民族团结进步创建工作铸牢中华民族共同体意识的意见》（以下简称《意见》）。《意见》指出，新时代民族团结进步创建工作要坚持以铸牢中华民族共同体意识为根本方向，坚持以加强各民族交往交流交融为根本途径，坚持以“中华民族一家亲，同心共筑中国梦”为总目标。《意见》要求深化民族团结进步宣传教育，强调要加强中华民族共同体教育，引导各族群众不断增强对伟大祖国的认同、对中华民族的认同、对中华文化的认同、对中国共产党的认同、对中国特色社会主义的认同。① 多民族国情决定了民族团结进步事业是中国特色社会主义伟大事业的重要组成部分，开展民族团结进步创建工作需要加强民族团结进步教育，民族团结进步教育又成为民族团结进步创建工作的内容之一。在民族团结进步创建

①《中办国办印发〈关于全面深入持久开展民族团结进步创建工作铸牢中华民族共同体意识的意见〉》，《人民日报》2019 年 10 月 24 日，第 1 版。

工作中加强民族团结进步教育和在爱国主义教育中加强民族团结进步教育不重复、不矛盾，前者指向各民族的团结进步大业，后者指向各民族归属的国家。民族团结进步大业服务于国家稳定发展、社会和谐进步。

2021 年 4 月教育部等四部委印发《深化新时代学校民族团结进步教育指导纲要》，这一文件系贯彻落实上述三个文件的精神，将三个文件中的教育目标、教育任务、教育内容在公共教育系统和各级各类学校中细化、落实。新时代学校民族团结进步教育实践，要以习近平新时代中国特色社会主义思想为指导，落实立德树人根本任务，以社会主义核心价值观为引领，以铸牢中华民族共同体意识为主线，以加强各民族交往交流交融为根本途径，全面加强爱国主义教育和中华民族共同体意识教育，弘扬中华优秀传统文化、革命文化、社会主义先进文化，不断完善学校民族团结进步教育长效机制，为实现中华民族伟大复兴的中国梦提供不竭精神动力。不同的学段结合不同学生的年龄特点和认知能力分别设计具体内容，选择教育形式与方式，并注重学校教育、家庭教育与社会教育的结合与联动。

综上，我们可以看出，学校民族团结进步教育是整个民族团结进步教育（还包括干部教育中的民族团结进步教育、社会教育中的民族团结进步教育）的组成部分，民族团结进步教育属于爱国主义教育的组成部分，爱国主义教育又是公民道德建设的内容之一。同时，民族团结进步教育是民族团结进步创建工作的内容和形式之一。学校民族团结进步教育要以铸牢中华民族共同体意识为主线。中华民族共同体意识是国家共同体、民族共同体、精神共同体存续与发展的聚合剂。

（二）民族团结进步教育主线通过具体的民族团结进步教育内容来体现

主线，是指占主导地位或主要统领事物发展的线条和脉络。民族团结进步教育的主线是指教育内容要围绕的主旨、线条和脉络。以铸牢中华民族共同体意识为主线，就是要按照铸牢中华民族共同体意识的要求选择内容，包括铸牢中华民族共同体意识需要的知识、态度、情感等，最终形成对中华民族共同体的认同与归属。

民族团结进步教育内容包括知识内容、国情内容、理论内容、政策内容、价值内容、实践内容等。知识内容包括我国 56 个民族的族称族源、规模、文化特征、分布状况等基本情况，也包括民族、中华民族等基本概念，没有这些民族知识，铸牢中华民族共同体意识就会虚化、抽象化。国情内容包括多民族的历史国情和现实国情，包括各民族之间的关系、各民族与国家之间的关系、民族地区在整个国家中的作用与功能等，不了解多民族国情，就难以把握中华民族共同体形成与发展的历史过程，就不了解中华民族多元一体的格局。理论内容与政策内容包括马克思主义民族观、民族理论与民族政策，中国特色社会主义民族理论与政策，中国特色解决民族问题的正确道路等，掌握民族理论与民族政策是认知和理解中华民族共同体建设的钥匙。价值内容包括和合哲学、“三个离不开”、社会主义民族关系的本质、“各民族和睦相处、和衷共济、和谐发展”、“各民族共同团结奋斗、共同繁荣发展”等，崇尚价值是培养和加强中华民族共同体认同的重要基础。实践内容包括各民族在生产生活中的交往交流交融，共居共学共事共乐中的积极参与，维护民族团结、反对民族分裂的自觉行动等，实践是生成和内化中华民族共同体意识的载体。为了将铸牢中华民族共同体意识作为主线贯穿于教育过程，要择定体现各民族合作、协同、共通、融汇、互助的教育内容、素材、案例等。

铸牢中华民族共同体意识是多民族国家建设的凝魂聚力工程，其实质是一种崇尚各民族同呼吸、共命运的政治认同。[①]铸牢中华民族共同体意识，需要深化民族团结进步教育。“深化”“团结进步”与“铸牢”是新时代深化民族团结进步教育应当着力思考与践行的关键点，其中：“深化”侧重强调的是对教育手段、教育内容、教育成效的要求；“团结进步”强调的是在团结的基础上实现进步，以进步带来高品质的团结；“铸牢”则是深化民族团结进步教育的主线，也可以引申为目标与方向。在知识、信息方面了解不同民族的历史、文化、现状，在“知”上实现“美人之美”；教育主体还应善于创设出情感共情的场域与氛围，让不同民族的成员在具体的交往交流中收获友情、亲情，在“情”上实现融汇交织。民族团结进步教育只有在“知”和“情”的环节上做到了“深”，才会将“知”和“情”“化”为行，深化民族团结进步教育的目标才能得以真正实现。[②]

铸牢中华民族共同体意识需要教化也需要生成。笔者将民族团结进步教育的路径分为教育引导与悟得生成两条。教育引导路径强调教育主体对教育客体的单向灌输。悟得生成路径强调教育实践的参与者互为主体，参与者在心理上对民族团结进步教育内容的接纳、内化和体验过程即为悟得生成。该路径是以教育实践参与者为

---

① 严庆：《政治认同视角中铸牢中华民族共同体意识的思考》，《北方民族大学学报》（哲学社会科学版）2020 年第 1 期，第 14—21 页。

② 严庆、梅丽、李志刚：《深化民族团结进步教育的“共情”视角》，《民族教育研究》2020 年第 1 期，第 5—12 页。

主导的运行过程，是一种内生效应，是实现民族团结进步教育实效性的内在条件。民族团结进步教育的悟得生成路径，注重教育实践参与者在感知教育资源、教育内容、教育素材时，能够在情感上产生族际通情，内心受到触动和震撼，在感受上实现由人及己与推己及人，进而把悟得的思考转化为认同、支持、践行民族团结的态度和行动。①

2019 年 9 月，习近平总书记在全国民族团结进步表彰大会上发表的重要讲话中，用“我们辽阔的疆域是各民族共同开拓的”“我们悠久的历史是各民族共同书写的”“我们灿烂的文化是各民族共同创造的”“我们伟大的精神是各民族共同培育的”这“四个共同”，丰富和发展了中国共产党民族理论的各民族“共同”思想，为铸牢中华民族共同体意识开拓了从历史到现实、从现实到未来的“共同”视野。②

四、结语

任何民族都是由共同的文化、共同的文明遗产、统一的目标以及远远超出宽容的多样性的相互理解和相互尊重来界定。而教育有助于在社会成员之间创造出一种共同觉醒或共同理解的感觉，并凝聚、统一为一种有机团结和统一目标。③教育可以说是民族建设最关键的因素。由于民族建设涉及为所有国民创造一个统一的身份，

① 严庆：《让我们彼此走近、走进——以民族团结进步教育的视角》，《中国民族教育》2019 年第 11 期，第 46—47 页。

② 郝时远：《各民族共同建设中华民族共同体》，《中国民族》2020 年第 10 期，第 18—19 页。

③ Suchitra Vashisth，“Role of Education in Nation Building，” *Humanities And Social Science* 23，No. 7（2018）.

并为所有人制定一个共同的路线图，宣传一个爱国中心主题的最佳方式是利用教育系统。对于受教育者而言，意识教育或信仰教育能够培养认同、调控认同、强化认同。

具体就我国而言，思想政治教育是我们党的最大特色、最大优势，是党的全部工作的生命线。在中国革命和建设的初始阶段，执政党面临的是物质资源匮乏、动员对象以农民为主、革命形势严峻、社会主义建设道路需要探寻等挑战，在这样的情势下，是思想政治教育赋予了党和群众希望与动力，并激励党和各族人民取得了一个又一个胜利。可以说，思想政治教育的生命线作用，体现在思想政治教育服务党和国家中心工作、服务人的解放与发展两个方面，这是中国共产党百年思想政治教育的思想自觉和实践遵循。① 步入新时代，铸牢中华民族共同体意识成为民族工作乃至更多领域工作的主线，铸牢意识主要依靠思想政治教育，用教育的方式提高认识、强化意识，而深化民族团结进步教育则是铸牢中华民族共同体意识的专门教育途径。在具体教育实践中，铸牢中华民族共同体意识教育不能概念化、意志化、程式化，更不是强调共同体就能生成共同体意识，中华民族共同体意识的引导、生成与强化都离不开对中华民族共同体本体的揭示与描绘，也离不开中华民族共同体建设实践以及对实践的体察、体验。

本文引入民族建设的概念及其理论，旨在从学理深度、高度进一步凸显铸牢中华民族共同体意识是多民族国家建设的工程和行动；强调兼顾中华民族共同体的本体性、实践性与铸牢中华民族共

---

① 王树荫：《中国共产党百年思想政治教育基本经验》，《教学与研究》2021 年第 5 期，第 16—26 页。

同体意识的能动性，旨在避免将铸牢中华民族共同体意识的主题研究带入唯意识境况；分析深化民族团结进步教育与铸牢中华民族共同体意识的关系，旨在避免各级各类学校在贯彻民族团结进步教育和铸牢中华民族共同体意识教育时，混淆两者的区别与联系，以更好地在教育实践中围绕铸牢中华民族共同体意识这一主线，确定民族团结进步教育的内容、素材，建立铸牢中华民族共同体意识教育常态化机制。

“中华民族共同体意识”生成论略

——基于历史唯物主义的视角[①]

“帮助少数民族和民族地区发展经济、文化和社会事业，铸牢中华民族共同体意识”[②]是党的十九大通过的党章修正案中的表述。“铸牢中华民族共同体意识”是新时代中国共产党的重大任务之一，也是多民族国家建设的新词、热词及指向。新的表述中，作为“铸牢中华民族共同体意识”的前置语句——“帮助少数民族和民族地区发展经济、文化和社会事业”强调的是保障少数民族和民族地区“利益”的问题。在2021年召开的中央民族工作会议上，习近平总书记强调“铸牢中华民族共同体意识是维护各民族根本利益的必然要求”。[③]实际上，“利益”作为一种客观存在，在“中

① 本文系中央民族大学“铸牢中华民族共同体意识”研究专项“铸牢中华民族共同体意识的全面教育实践研究”（项目编号：2021MDZL07）的阶段性成果。本文原发表于《中央民族大学学报》（哲学社会科学版）2022年第3期。第二作者余金华为中央民族大学民族学与社会学学院民族政治学专业博士研究生。

②《中国共产党章程》，人民出版社，2017，第15—16页。

③《以铸牢中华民族共同体意识为主线 推动新时代党的民族工作高质量发展》，《光明日报》2021年8月29日，第1版。

华民族共同体”的形成、发展中，在“中华民族共同体意识”的生成、壮大中起到了关键作用。

利益关切也正是近年来研究铸牢中华民族共同体意识的众多文献中相对缺乏的视角。笔者通过使用中国知网检索系统统计发现，截至2021年10月5日，共有1 476篇篇名中含“中华民族共同体”的论文，论文归类的40个主要主题、30个次要主题涉及中华民族共同体意识的概念、来源、意义及其与“认同”“民族团结进步”之间关系等方面的阐释。遗憾的是，尚未发现聚焦铸牢中华民族共同体意识与利益关系的研究。为此，笔者以历史唯物主义为视角，以人类社会的“利益”为核心，旨在从意识的主体、意识内容的来源以及意识调控、建设三个层面，着力探讨“中华民族共同体意识”生成的必然性。

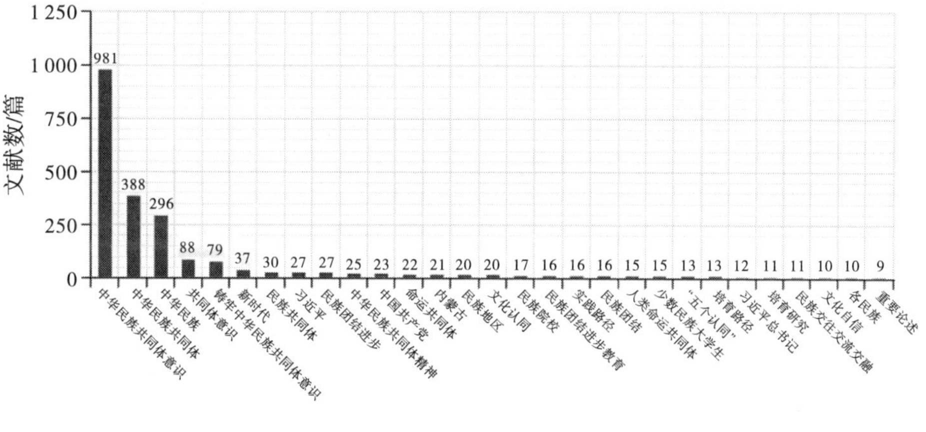

图1　中国知网上“中华民族共同体”相关论文形成的主要主题及其论文数量

一、中华大地上繁衍生息的“人们”基于共同利益结成“中华民族共同体”

通俗地讲，利益就是好处，是指满足人们需求的物质、精神方面的供给，利益可以来自器具、物品、生产生活资料等，也可以来自秩序、安全、尊严、情感归属等。《中国大百科全书》给出的解释是，利益是人们通过一定的社会关系表现出来的不同需要。需要是人的第一个历史活动，利益是由需要引起的。[①]个体有个体的利益，群体有群体的利益（包括法律规定的每个民族的群体权益），国家有国家的利益。共同利益是被共享的、共有的、共同承担的，或者是共同受到影响的。它与共同的立场、共同的行动相关。[②]而与整个中华民族的生存、发展高度相关的利益（主权利益、安全利益、生存利益、秩序利益、发展利益等）就是中华民族的共同利益。把各民族的共同利益放在第一位是马克思主义民族观的重要内容，中华民族的共同利益就是56个民族的共同利益。

“人们奋斗所争取的一切，都同他们的利益有关。”[③]人类为获取最基本的物质利益而进行的生产劳动，构成了人类历史的起点。物质利益亦称“经济利益”，是指一定社会生产关系中满足人们物质生活需要的生产成果。人们的各种意识形态、思想观念，归根到底是由社会物质生活条件决定的，人们的思想、行为背后都有其深层的物质利益诉求。

---

①《中国大百科全书》总编委会编《中国大百科全书》第14卷，中国大百科全书出版社，2009，第69页。

②何小民：《共同利益论：马克思共同利益思想理论内蕴及当代价值》，中央文献出版社，2008，第78页。

③《马克思恩格斯全集》第一卷，人民出版社，1956，第82页。

共同利益促进了人们共同体的形成，共同体是共同利益的现实载体。人类早期的技术能力有限，在猎取大型动物、应对群落冲突的过程中形成了合作意识与共同利益意识——没有群体合作就会挨饿、就不会有安全感，温饱、安全成为重要的利益关切——伴随着私有制的出现、社会分工的复杂化以及部落联盟冲突的加剧，超越血缘关系的地缘性共同体逐步形成，共同利益的纽带作用进一步凸显。在各共同体之间存在利益纷争的情况下，一方面，共同体内部的团结强化了；另一方面，为了实现利益的最大化，处于竞争优势的共同体不断向外扩张规模。

人们为了生存，必然要进行物质生产和物质交换；为了进行物质生产和物质交换，必然结成一定的社会关系。为满足扩张的需要，在不断提高生产力的同时，也不得不优化社会关系、扩展社会关系。由此，在物质生产过程中形成的人与人之间的关系，经历了从简单到复杂、从直接到间接、从局部到整体的发展过程。人们所处的共同体经历了从家庭向氏族、部落、部落联盟等的递进发展。当生产力发展到一定程度的时候，人们便进入了阶级、民族、国家等共同体。

回溯人类结成不同规模共同体的过程可发现，“共同利益”起到了关键作用。“在古代，每一民族都由于物质关系和物质利益（如各部落的敌视等）而团结在一起……隶属于某个民族成了人‘最自然的利益’。”[①] 为了最大限度地保障自己的利益，人们不可避免地发生诸如交换、买卖、掠夺、战争等各种关系，结成各种各样的共同体。“利益本身已经是社会所决定的利益，而且只有在社会所

①《马克思恩格斯全集》第三卷，人民出版社，1960，第169页。

创造的条件下并使用社会所提供的手段，才能达到。”[①] 换言之，个人利益只有在特定的社会范围和社会关系中才能得到实现和满足。因而为了获得个人利益，人们不得不通过结成一定的关系成为社会共同体的一员。人类为了实现利益结成各种共同体，结成的共同体反过来促成了各种共同利益的形成和实现。归属于共同体、融于共同体、维护共同体成为人类社会长久的、普遍的伦理规范。

“利益”决定了人类社会“共同体”的特性。利益源自人的需要，只要人类社会存在，就存在利益。人们为了获取利益，通过各种联系，形成各种各样的共同体。利益直接反映着物质生产能力和生产水平，不同历史阶段具有不同的利益，追逐各种利益的各种共同体也随之产生或消亡，从而决定了人类社会共同体具有历史性。人们的需求是无限的、广泛的，利益无疑也是多样的，这就决定了人类社会的共同体也是扩展、开放的。一般而言，处在多个同心圆内的各个共同体中，较早形成的共同体往往从属于较晚形成的共同体，规模较小的共同体往往从属于规模较大的共同体，较落后的共同体往往从属于较先进的共同体。

“中华民族”的形成与发展[②]和“中华民族共同利益”息息相关。尽管历史进程中的共同利益不时受到纷争的挑战，也存在利益从少到多、利益认知从模糊到清晰的演进，但不同规模、不同区域的共同利益始终存在，并且伴随着共同体规模的扩大，共同利益越来越多，辐射区域越来越广。作为一个“自在”的共同体，中华民族共同体源远流长。从旧石器时代到秦统一六国的漫长岁月里，中

① 中共中央马克思恩格斯列宁斯大林著作编译局译《马克思恩格斯全集》第四十六卷上册，人民出版社，1979，第102—110页。

② 费孝通主编《中华民族多元一体格局》，中央民族大学出版社，2018，第96—104页。

华民族共同体已经开始起源和孕育。早在170万年前，在中华大地上已经有了直立人（元谋人），1万年前不同的直立人群已经分散聚居在中国各地。得益于火、弓箭的使用和石器、陶器的制造，原始人类逐步形成了以血缘关系为纽带的氏族共同体，诸如燧人氏、有巢氏、神农氏、伏羲氏、女娲氏、盘古氏等。为了获取更多的利益，有相同血缘关系的氏族或胞族组成了部落共同体。到了原始社会末期，生产力得到发展，畜牧业和农业相互分离，人类社会首次出现了劳动分工，剩余产品不断积累，贫富差距不断扩大，为满足守住领地、保护利益、掠夺财产、发动战争等需要，部落间逐渐结成了部落联盟共同体，诸如黄帝部落集团、炎帝部落集团、太昊部落集团、少昊部落集团、三苗部落集团等。这里只是列举了一些众所周知的氏族和部落，但事实上，中国56个民族在不同地方、不同时代大体上都经历过氏族共同体、部落共同体、部落联盟共同体、民族共同体等发展过程。当然，在万年历史进程中，有的民族消亡，有的民族新生。距今4000年左右时，在中华腹地形成了夏、商、周，三代的人们与周边诸族（夷、蛮、戎、狄）交往交流交融，逐步构成了四海之内统一的天下。东面的大海，北面的戈壁、草原以及高纬度的寒带，西面的高原、沙漠、高山，西南面难以逾越的热带、亚热带雨林，共同“围”成了相对闭合的自然生态环境，成为中华大地先民们围绕利益交往、冲突、合作的特定空间。与此同时，限定性的空间也进一步界定了共同体利益的格局与范围，最典型的例证就是农耕社会与游牧社会在400毫米等降水量线附近频繁互市交易，经济上的相互依存就是分享、共享物质利益。分分合合的冲突与整合也使和平、安全成为一种共同利益。总之，共同体的规模越大，共同利益的纽带功能就越明显，物质获得、和平生活、文化分享、安全保障等成为共同利益的主要衡量指标。

从秦汉到1840年鸦片战争之间的两千余年中，中华民族共同体随着统一的多民族中国的形成、巩固和确立，“自在”地发展着。中国各民族根本利益相互关联，各民族“你来我往、我来你去”“我中有你、你中有我”的趋势日渐增强。尤其是1840年之后，“共同体利益”对中华民族共同体的促进作用逐渐显现出来。中华民族为了生存、发展利益，不断反抗帝国主义侵略，推翻了“三座大山”，获得了民族独立和民族解放，开启了蓬勃发展的进程。中华民族是一个命运共同体，而主导和承继中华民族命运的则是多民族共同利益的客观决定作用，忽略这一点就可能夸大主观建构的作用。

二、“中华民族共同利益”的存在凝结出“中华民族共同体意识”

历史唯物主义认为，意识的本质是客观世界在人脑中的反映。换言之，意识的内容来源于客观世界。推而论之，“共同体意识”是意识发展到一定阶段的产物，来源于人类社会各种共同体为了实现共同利益而进行的社会生产活动。

人类意识的内容来源于客观世界，经历了不断发展完善的过程。“不是意识决定生活，而是生活决定意识。”① 人们头脑中拥有什么样的意识与人们所从事的生产、与一定生产力相适应的生产关系有关，是客观的，不以人的意志为转移。“人的认识，主要地依赖于物质的生产活动，逐渐地了解自然的现象、自然的性质、自然

① 中共中央马克思恩格斯列宁斯大林著作编译局编《马克思恩格斯选集》第一卷，人民出版社，1972，第31页。

的规律性、人和自然的关系；而且经过生产活动，也在各种不同程度上逐渐地认识了人和人的一定的相互关系。”[①] 这表明，意识是人类社会发展到一定阶段的产物，是随着人类社会的发展而逐渐发展起来的。人们拥有什么样的意识，取决于其所处的自然环境和社会环境。意识在其产生之初，只是人对所处环境的一种感知。人类在自我知识、智慧积累的基础上不断丰富、创新自我的认知。随着社会分工的出现，“意识才能摆脱世界而去构造‘纯粹的’理论、神学、哲学、道德等等”。[②] 人类的意识随着生产力的发展而不断发展，经历了从无到有、从蒙昧到科学、从片面到全面、从单一到多元、从简单到复杂、从个体意识到群体意识的过程。同理，人类对于所处共同体的规模、实质等方面的意识，也经历了“与时俱进”的生长。

“中华民族共同利益”在“中华民族共同体意识”的形成与发展中起到了根本性作用。显而易见，意识的形成和发展遵循着“经济基础决定上层建筑”的基本原理，物质生产、物质利益对于人类的意识具有内在决定性。“随着人类社会的发展和社会关系的变化，人们的利益和利益关系也在不断发展，同时，人们相互之间的利益关系，尤其是利益矛盾运动也在不断发展，人们为了维护和实现自己的利益，创造了各种政治学说和政治思想，而这些学说和思想也以理论思维的方式反映和维护着这些利益。”[③]

认识共同体（共同体意识）必然要认识共同体的利益。利益是

---

①《毛泽东选集》第一卷，人民出版社，1991，第 282—283 页。

② 中共中央马克思恩格斯列宁斯大林著作编译局编《马克思恩格斯选集》第一卷，人民出版社，1972，第 36 页。

③ 王浦劬等：《政治学基础》，北京大学出版社，2006，第 277 页。

唤起回应性（responsiveness，即共同体成员对共同体的响应性）的根本因素之一。回应性被视为真正共同体的主要特征，如果共同体所促进的价值及其结构（财富的分配、权力的运用、制度的形成以及社会化的机制）不能反映其成员的需要，或者只反映部分成员的需要，那么共同体的秩序事实上就是强制性的而没有得到真正的支持。[①]共同体意识主要是人们对共同利益所持的观点和看法，反映着共同体的利益内容和利益要求，并服务于特定的共同体利益。

从中华民族共同体意识的形成和发展来看，中华民族的共同体意识是1840年后逐步“自觉”起来的。旧中国历代王朝推行的政策中无不含有一定民族歧视和民族压迫的成分，阶级利益矛盾成为主要矛盾，致使民族关系“马铃薯化”。[②]中华民族深层次的内在联系被民族压迫制度和民族间的纷争所掩盖，人们关于共同利益的感知受到制约，有限的共同体利益的维护需要通过依附、妥协、盟约等实现，各民族间根本利益的一致性和整体不可分割的联系，未能成为自觉的中华民族共同体意识。[③]1840年鸦片战争后，中国逐渐沦为半殖民地半封建社会，陷入内忧外患的危险境地，战乱频仍、山河破碎、民不聊生，在国人的深重苦难中，生存、发展、统一等共同利益遭到严重冲击。中国共产党诞生以前，在鸦片战争、太平天国运动、中法战争、甲午战争、戊戌变法、义和团运动、辛亥革命等反帝反封建斗争中，在生与死、血与火的不断砥砺中，中华民族共同体意识从“自在”走向“自觉”，日渐发展壮大，日益深入

① 李义天主编《共同体与政治团结》，社会科学文献出版社，2011，第36页。

② 中共中央马克思恩格斯列宁斯大林著作编译局编《马克思恩格斯选集》第一卷，人民出版社，1972，第693页。

③ 费孝通主编《中华民族多元一体格局》，中央民族大学出版社，2018，第99页。

群体成员的内心，而反映中华民族共同体意识的共同利益最集中地体现在保家卫国、避免亡国灭种的民族救亡上。

毛泽东同志指出：“人民共和国去掉帝国主义的压迫，使中国自由独立，去掉地主的压迫，使中国离开半封建制度，这些事情就不但使工农得了利益，也使其他人民得了利益。总括工农及其他人民的全部利益，就构成了中华民族的利益。”[①] 中国共产党“代表中国最广大人民的根本利益”，在不断赢取中华民族共同利益的过程中，在不断集聚民族自豪感的过程中，唤醒和培育了中华民族共同体意识，不断调和各种利益，把全国各族人民组织起来、团结起来、凝聚起来，同心同德、艰苦奋斗，彻底改变了中国积贫积弱、受人欺凌的悲惨命运，走上实现中华民族伟大复兴的壮阔道路。

从 1921 年中国共产党诞生到 1949 年中华人民共和国成立，中国共产党解决了中华大地上各民族“一盘散沙”的问题，实现了“站起来”的目标。1935 年，中国共产党发表《中国苏维埃政府、中国共产党中央为抗日救国告全体同胞书》，号召全中国人民动员起来，停止内战，一致抗日，这标志着中国共产党建立抗日民族统一战线的策略基本形成；1937 年，中共中央又发布《中国共产党抗日救国十大纲领》，提出“动员蒙民回民及其他一切少数民族，在民族自决和民族自治的原则下，共同抗日”。[②]1939 年，毛泽东同志在《中国革命和中国共产党》中专门论述了“中华民族”问题，提出“帝国主义和中华民族的矛盾，乃是各种矛盾中的最主要的矛

①《毛泽东选集》第一卷，人民出版社，1991，第 159 页。

②《毛泽东选集》第二卷，人民出版社，1991，第 355 页。

盾”[1]，他后来倡导实行民族主义，对外要求中华民族彻底解放，对内要求各民族之间的平等。[2]中国共产党带领中国各族人民共同抗争、共同牺牲、共同奋斗、共同胜利，推翻了“三座大山”，实现了中华民族的独立和解放，共同建立了新中国，实现了中国从几千年封建专制政治向人民民主的伟大飞跃。换言之，在满足决定各民族命运的共同政治利益的过程中，中华民族“站起来”了。

从 1949 年中华人民共和国成立到 1978 年党的十一届三中全会召开，中国共产党解决了各民族之间的“歧视分歧”问题，实现了“团结起来”的目标。中国共产党废除民族歧视政策和民族压迫制度，确立了民族平等、民族团结等一系列基本原则和基本政策。1949 年 9 月 29 日，《中国人民政治协商会议共同纲领》中规定：“中华人民共和国境内各民族一律平等，实行团结互助……”“各少数民族聚居的地区，应实行民族的区域自治，按照民族聚居的人口多少和区域大小，分别建立各种民族自治机关。凡各民族杂居的地方及民族自治区内，各民族在当地政权机关中均应有相当名额的代表。”[3]中国共产党领导各族人民开展民族识别，培养民族干部，推行民族区域自治，引导各族人民因地、因族制宜，走上了社会主义道路，建立了社会主义基本制度和国家统一、民族团结的政治秩序，完成了中华民族有史以来最为广泛而深刻的社会变革。在建党立政、缔造新制度的进程中，各民族共同当家作主，确立和保障各民族的政治权益、经济权益、文化权益，并与中华民族共同利益和

①《毛泽东选集》第二卷，人民出版社，1991，第 631 页。

② 同①，第 752 页。

③ 中共中央文献研究室编《中华人民共和国开国文选》，中央文献出版社，1999，第 286 页。

国家整体利益统一起来。

从1978年党的十一届三中全会召开到2012年党的十八大召开，中国共产党解决了各民族“积贫积弱”问题，实现了“富起来”的目标。“党的十一届三中全会以后，我们集中力量搞四个现代化，着眼于振兴中华民族。”① 中国共产党尊重人民主体地位，发挥群众首创精神，动员各族群众大搞家庭联产承包责任制，实行多种经营，解放和发展了社会生产力，极大激活了各族群众的生产、生活积极性。在“三步走”战略布局下，始终坚持国家帮助、发达地区支援、民族地区自力更生相结合，围绕加快推进少数民族和民族地区经济社会各项事业的发展进步，不断改善各族群众生产生活条件，提高各族人民生活水平。中国共产党建立了平等团结互助和谐的社会主义民族关系，各族群众生产生活水平日益提高，少数民族和民族地区经济社会发展发生了翻天覆地的变化，为中国特色社会主义制度的发展完善，为国家各项事业突飞猛进的发展奠定了坚实基础。重点围绕维护和提升各民族的经济利益，中华民族初步实现了“富起来”的目标。

进入新时代，中国共产党正在逐步解决各民族“发展不平衡不充分”问题，主要任务是把中华民族进一步凝聚起来，共同迈上社会主义现代化建设新征程，实现“强起来”的目标，为实现中华民族伟大复兴的中国梦不懈奋斗。党的十八大以来，党中央把“实现中华民族伟大复兴”明确为近代以来中华民族最伟大的梦想。习近平总书记指出：“这个梦想，凝聚了几代中国人的夙愿，体现

①《邓小平文选》第三卷，人民出版社，1993，第357页。

了中华民族和中国人民的整体利益”。[①] 党的十九大在党的历史上，第一次明确了“铸牢中华民族共同体意识”这个命题。[②]“铸牢中华民族共同体意识”是马克思主义民族理论中国化的最新成果，成为中国各民族在“百年未有之大变局”的环境下艰辛“追梦”征程上的根本遵循。

中华民族共同体建设是中华民族共同利益的内在决定作用与执政党把握多民族国家建设规律能动建导、共同发力的结果，而代表各民族利益、维护各民族利益、实现各民族利益，并把各民族利益汇聚为整个国家和中华民族的利益则是中华民族建设成功的关键，这也是中国共产党在多民族国家建设理论探索方面的重大贡献。正如王希恩所言：中国共产党领导的中华民族建设实践上取得了巨大成功，理论上不断自觉，这一经验值得认真总结、创新发展。[③]

三、“铸牢中华民族共同体意识”关键在于维护好“中华民族共同利益”

习近平总书记在2021年中央民族工作会议上指出，铸牢中华民族共同体意识是维护各民族根本利益的必然要求，只有铸牢中华民族共同体意识，构建起维护国家统一和民族团结的坚固思想长城，各民族共同维护好国家安全和社会稳定，才能有效抵御各种极端、分裂思想的渗透颠覆，才能不断实现各族人民对美好生活的向

---

①《习近平谈治国理政》，外文出版社，2014，第36页。

② 本书编写组编《党的十九大报告学习辅导百问》，党建读物出版社、学习出版社，2017，第32页。

③ 王希恩：《中国共产党的中华民族建设实践及理论创新》，《西北民族研究》2021年第2期，第5—10页。

往，才能实现好、维护好、发展好各民族根本利益。[①]

铸牢中华民族共同体意识，就是要发挥意识对于建设中华民族共同体、赢取中华民族共同利益的正向能动作用。“我们离民族复兴目标越近、离世界舞台中央越近，西方一些国家越会想方设法攻击抹黑中国道路、理论、制度、文化，加紧进行意识形态渗透，加大策动‘颜色革命’力度。”[②] 近期一些西方政客在各种场合对中国无端造谣、无耻诋毁、无赖生事就是典型的例证。普世价值观、新自由主义、保守主义、消费主义、历史虚无主义及民粹主义等相互掺杂、相互交织，意识形态终结论、意识形态淡化论、去意识形态化、非意识形态化具有一定的生存土壤，而且或多或少地在民族关系领域有所表现。铸牢中华民族共同体意识就是要面对“百年未有之大变局”，“把理论上存在的误区搞清楚”，“廓清迷雾、正本清源”，引导各族群众增进“五个认同”，进一步增强“团结一致、凝聚力量”的中华民族共同体意识，用以促进中华民族共同体建设，用以推动中国发展的巨轮顺利前进，用以指导各民族共同团结奋斗、共同繁荣发展，实现“两个一百年”奋斗目标，进而实现中华民族伟大复兴的中国梦。

铸牢中华民族共同体意识，一方面要从意识本身着手，进一步完善中华民族共同体意识体系。要正确把握中华民族共同体意识和各民族意识的关系，引导各民族始终把中华民族利益放在首位，本

---

①《以铸牢中华民族共同体意识为主线 推动新时代党的民族工作高质量发展》，《光明日报》2021 年 8 月 29 日，第 1 版。

② 洪晓楠、王坤平：《新时代意识形态安全治理：总体样态、原则遵循和实践方略》，《探索》2020 年第 6 期，第 181—192 页。

民族意识要服从和服务于中华民族共同体意识。[①]要通过构建铸牢中华民族共同体意识宣传教育常态化机制，依托编写铸牢中华民族共同体意识相关教材、推广普及国家通用语言文字等形式与载体，通过干部教育、社会教育、学校教育等，有针对性地开展铸牢中华民族共同体意识宣传教育。另一方面，从“社会存在决定社会意识”的根本性来讲，铸牢中华民族共同体意识，更重要的还是要回溯至共同体意识背后的根源即共同体利益寻找答案。亦即，铸牢中华民族共同体意识的关键在于维护好中华民族共同利益，在实现中华民族共同体整体利益追求的进程中也实现各民族具体利益追求。主权、安全、发展利益都是中华民族共同体的整体利益、各民族的根本利益。各民族的根本利益是一致的，但在某些具体利益主要是经济权益方面，民族之间仍会发生一些矛盾和纠纷。[②]

（一）珍爱中华民族的主权利益

主权是国家的核心利益，也是中华民族的核心利益。“夫国也者，何物也？有土地，有人民，以居于其土地之人民，而治其所居之土地之事，自制法律而自守之；有主权，有服从，人人皆主权者，人人皆服从者。夫如是，斯谓之完全成立之国。”[③]这是政治学关于国家本质“要素说”的典型观点。此论虽然没有道出国家的本质，但也强调了领土、人民、主权等对于一个主权国家的不可或缺性。疆域完整，我们生存、发展的空间与资源才能得以保障；人民团结，

---

①《以铸牢中华民族共同体意识为主线 推动新时代党的民族工作高质量发展》，《光明日报》2021 年 8 月 29 日，第 1 版。

② 国家民族事务委员会编《中国共产党关于民族问题的基本观点和政策（干部读本）》，民族出版社，2002，第 282 页。

③ 汤志钧、汤仁泽编《梁启超全集》第二集，中国人民大学出版社，2018，第 222 页。

我们才能同心同德地应对挑战、实现发展；主权统一，我们才能对内自主治辖、对外维护尊严。“加强民族团结，维护祖国统一和社会稳定。这是全国各族人民的共同愿望和根本利益所在。”①

（二）保障中华民族的生存利益

生存权是基本的人权，也是人类的基本利益。人类社会发展到今天，生存问题日益凸显。人类在实现发展的同时，也面临与之相伴的生态危机挑战，包括全球气候变暖、臭氧层耗损、生物多样性骤减、酸雨蔓延、森林锐减、土地荒漠化、大气污染、水污染、海洋污染、危险性废物越境转移，等等。生态危机之外，还有技术进步带来的生存危机，安德斯·桑德伯格（Anders Sandberg）甚至把核战争、生物工程流行病、超级智能、纳米技术、未知威胁都列入了可能致人类灭绝的生存危机。②从2020年席卷全球的新冠疫情来看，这些绝不是危言耸听。中国共产党团结带领全国各族人民，坚持加强生态文明建设，促进人与自然和谐共生，坚持防范各种突发性危机，是保障中国各族人民的生命安全、生存安全，维护的是中华民族的生存利益。

（三）维护中华民族的秩序利益

秩序意味着生产生活有条理、不混乱，社会局面稳定、安定。只有社会秩序安定，人民才能安居乐业，因而说秩序能够带来利益。“社会良序意味着自由，即社会成员通过法律规范，按照自主的意志，实现了自己的权利，获得了应得的利益；社会良序意味着安全，即能为社会成员提供有效的利益保障和对未来生活的稳定预

① 国家民族事务委员会编《中国共产党关于民族问题的基本观点和政策（干部读本）》，民族出版社，2002，第308页。

② 刘霞：《可能致人类灭绝的五大生存危机》，《科技日报》2014年7月20日，第2版。

期。”[①] 从这个意义上说，良好的秩序本身就是一种利益。秩序利益的重要性往往在一个社会失序时才会凸显出来。一般而言，长时间生活在良好秩序中的人容易忽视秩序利益的存在。中华民族稳定和谐的秩序，是历经长期积累，随着生产力的发展逐步形成的，更是中国共产党带领各族人民长期努力构建的结果。秩序的建立和维护离不开有效的治理，治理有力、治理有效才能达致和谐有序，才能维护好中华民族的秩序利益。

（四）增量中华民族的发展利益

各种利益的基础是物质利益，物质利益主要来自劳动创造与生产发展。在和平与发展的关系中，和平是发展的基础，发展是和平的保障。和平与发展是人类社会的关键利益。就中华民族而言，自鸦片战争以来的一个多世纪内，国内一盘散沙，在世界上处于被动“挨打”的地位，关键原因在于发展的问题没有解决好。中华人民共和国的成立为中华民族的发展带来了机遇。邓小平同志强调：“只有社会主义，才能有凝聚力，才能解决大家的困难，才能避免两极分化，逐步实现共同富裕。”[②] 习近平总书记指出：“中华民族是一个大家庭，一家人都要过上好日子。”[③] 脱贫攻坚战的完胜，使得现行标准下农村贫困人口全部脱贫，补齐了社会发展的短板，消除了绝对贫困和区域性整体贫困。以援藏、援疆为重点的对口支援全方位持续发力，着力解决发展不均衡、不充分的问题。在脱贫攻坚一

---

① 王静：《社会共同体秩序的建构：马克思的利益观提供的启示》，《江西社会科学》2017 年第 9 期，第 40—46 页。

②《邓小平文选》第三卷，人民出版社，1993，第 357 页。

③《坚持共同团结奋斗共同繁荣发展 各民族共建美好家园共创美好未来》，《光明日报》2019 年 9 月 28 日，第 1 版。

线，民族地区面貌日新月异，主动“拥护核心、心向北京”；少数民族群众生活蒸蒸日上，自发“感谢共产党、感谢总书记”，造就了“中华民族一家亲、同心共筑中国梦”的生动场景。事实有力地证明，把各族人民对美好生活的向往作为奋斗目标、坚持发展是第一要务、保障好各族人民的利益，是滋养认同感、增量归属感、铸牢中华民族共同体意识的根本路径。

与此同时，中国是多民族国家，体现了不同层级共同体的多样性；中华民族是多元一体的，体现了不同层级共同体的共存。由于自然资源占有的差异、社会发展水平的差异以及利益主体获取利益能力的差异，导致横向上同一层次的不同利益主体之间、纵向上不同层次的利益主体之间，客观上不可避免地出现了一些利益冲突。但在社会主义制度下，这些利益矛盾、利益冲突都属于“人民内部矛盾”。在多民族国家中，由各民族共同利益构成的国家利益至高无上。任何单个民族的利益，都必须服从于国家的整体利益。[①] 在铸牢中华民族共同体意识的过程中，需要平衡各种利益、调和各种关系，乃至是一些矛盾。邓小平同志强调：“在社会主义制度之下，个人利益要服从集体利益，局部利益要服从整体利益，暂时利益要服从长远利益……我们必须按照统筹兼顾的原则来调节各种利益的相互关系。”[②] 这些论述为社会主义国家在解决各种共同体利益冲突方面，提供了根本遵循。因此，在调和矛盾的过程中：面对“共同利益”，要坚持“创新、协调、绿色、开放、共享”的新发展理念，让改革发展成果惠及各族人民，不断增强各族人民的获得感、幸福

① 国家民族事务委员会编《中国共产党关于民族问题的基本观点和政策（干部读本）》，民族出版社，2002，第 26 页。

②《邓小平文选》第二卷，人民出版社，1994，第 175 页。

感、安全感；面对不同利益或利益冲突，必须坚持“统筹兼顾”和“四个服从”原则。更为要紧的是，要“不信邪”“不折腾”，抓住一切机会谋发展，不断解放生产力、发展生产力，画出最大同心圆，不断夯实中华民族共同体的利益基础。

四、结论

习近平总书记指出：“今天，我们比历史上任何时期都更接近、更有信心和能力实现中华民族伟大复兴的目标。”① 中华民族伟大复兴这一伟大事业集聚着中华民族的多种利益，在走向伟大复兴的进程中，中华民族的共同利益不断得以实现，不断得以增量，必然促使中华民族共同体意识不断增强，这是历史伟业的必然走向。同时，当今世界正经历着百年未有之大变局，在中华民族伟大复兴的征程中，需要用中华民族共同体意识凝聚全国各族人民同心协力、同向而行，应对各种风险挑战，赢取更大的共同利益。

共同体是共同利益的现实载体，中华民族共同体是中华民族利益的现实载体。坚持中国共产党的领导和社会主义制度保障了各民族在经济上根本利益一致、政治上根本利益一致、精神上根本利益一致，这为铸牢中华民族共同体意识提供了利益基础和保障。利益是人类活动的基本动因，这种动因通过利益激励、利益竞争、利益协调表现出来，从而推动人类活动发展和社会进步。其中，利益协调的实质是协调各种利益之间的关系，以组成最佳的利益结构，通过利益结构发挥最优化的功能。② 铸牢中华民族共同体意识具有激

①《习近平谈治国理政》第三卷，外文出版社，2020，第 12 页。

② 朱奎保：《利益论》，华东师范大学出版社，1991，第 71—86 页。

励各族人民创造利益、协调利益、维护利益的功能。

习近平总书记在2021年中央民族工作会议上强调：铸牢中华民族共同体意识是维护各民族根本利益的必然要求；铸牢中华民族共同体意识是实现中华民族伟大复兴的必然要求；铸牢中华民族共同体意识是巩固和发展平等团结互助和谐社会主义民族关系的必然要求；铸牢中华民族共同体意识是党的民族工作开创新局面的必然要求。[①] 中华民族的伟大复兴、团结和谐本质上也属于中华民族的整体利益，以铸牢中华民族共同体意识为主线、为“纲”，做好新时代的民族工作，也是在实现好、维护好、发展好各民族的利益。

---

①《以铸牢中华民族共同体意识为主线 推动新时代党的民族工作高质量发展》，《光明日报》2021年8月29日，第1版。

铸牢中华民族共同体意识教育的内容与维度解析[①]

铸牢中华民族共同体意识教育是各级各类学校德育教育的重要内容。在当前的教育实践中，铸牢中华民族共同体意识教育究竟该讲什么是个要弄清楚的问题。学术界对于“为什么”要铸牢中华民族共同体意识教育已发表诸多理论成果，对我们准确理解和把握铸牢中华民族共同体意识教育工作有很大的帮助，但相关研究还没有较好回答“铸牢中华民族共同体意识教育的具体内容是什么”这一问题。

一、铸牢中华民族共同体意识的内涵解析

习近平总书记在2021年中央民族工作会议上指出，铸牢中华民族共同体意识，就是要引导各族人民牢固树立休戚与共、荣辱与

① 本文系2022年国家社科基金重大项目“坚持正确的中华民族历史观研究”（项目编号：22 & ZD210）的阶段性成果。本文原发表于《青海民族研究》2022年第4期。第二作者崔舒怡为中央民族大学民族学与社会学学院民族政治学专业博士研究生。

共、生死与共、命运与共的共同体理念[①]，“四个与共”的共同体理念是铸牢中华民族共同体意识的理性表达。我们将上升到理性高度的观念叫作“理念”。柏拉图终其一生都致力于探寻一种理想化的国家治理方案，为此，他构筑了一个宏大的理念世界，描述了一个在人人以“善”为理念的国度下，英明的统治者、勇敢的卫士与忠诚的公民都能够各司其职，为创造一个和谐有序的理想国而共同努力的治国之梦。虽然柏拉图所设想的理想王国已然被证明是无法实现的“乌托邦”，但其理念仍然产生着深远影响。“四个与共”的共同体理念成为回答“中华民族何以成为一个”的有力答案。[②]在此之前，学界与实务部门对这一概念并没有达成共识，而共同体理念的提出就相当于柏拉图理想王国中的“善”，是成熟的、具有可信意义的共同体认知。因此，用共同体理念引领价值理性，用“四个与共”将涉及各民族在情感、荣辱、忠诚、信念等方面的共同体意识具体化。

为全面、深刻、准确把握铸牢中华民族共同体意识的内涵，尤权同志在学习贯彻习近平总书记在中央民族工作会议上的重要讲话精神中强调，铸牢中华民族共同体意识更加强调政治归属和政治认同，是国家层面最高的社会归属感、面向世界的文化归属感，核心是引导各族人民对伟大祖国、中华民族、中华文化、中国共产党、中国特色社会主义的认同，增强国家意识、公民意识和法治意识。[③]

---

①《以铸牢中华民族共同体意识为主线 推动新时代党的民族工作高质量发展》，《光明日报》2021 年 8 月 29 日，第 1 版。

② 严庆：《政治认同视角中铸牢中华民族共同体意识的思考》，《北方民族大学学报》（哲学社会科学版）2020 年第 1 期，第 14—21 页。

③ 尤权：《做好新时代党的民族工作的科学指引——学习贯彻习近平总书记在中央民族工作会议上的重要讲话精神》，《求是》2021 年第 21 期，第 42—49 页。

可见，把握“四个与共”的共同体理念需要从“三位一体”的归属感、“五个认同”和“三个意识”三个维度着手。

“三位一体”的归属，强调政治归属、社会归属与文化归属。“归属”作为一个动词，强调的是一种确定从属关系的指向与行动。“三位一体”的归属感在铸牢中华民族共同体意识教育领域是指个体、小群体在政治、社会、文化上从属于共同体的权力网络、人际网络和文化网络，以此结成完整的共同体。“归属感”强调社会关系网络中的个人感受，特指个体认为自己是某一环境中的重要一员，感受到了其他成员的接纳与尊重，同时对所处环境产生了依附与忠诚的一种整体情感。归属感虽属于个体心理范畴，但因其表现为对客体组织的依附与忠诚，因而对于共同体的发展具有重要的影响。因此，铸牢中华民族共同体意识就是要使每一位中华儿女从政治、社会、文化三个层面形成对中华民族共同体的强烈归属感，以此来获得共同体成员的忠诚。政治归属强调中华儿女对中华民族共同体的政治忠诚，目的在于捍卫中华民族共同体的完整；社会归属指各族人民对多元一体的中华民族关系的认同以及统一的“中华民族”的国民身份认知；文化归属则强调各族人民对中华文化的认同、自信与自觉。通俗地讲，就是让各族人民以“我是中国人，我生活在中国的社会关系中，我置身于中华文化中”的归属感来回答“我是谁？我生活在哪里？”的问题。

铸牢中华民族共同体意识的核心是引导各族人民对伟大祖国、中华民族、中华文化、中国共产党、中国特色社会主义的认同。①

---

① 尤权：《做好新时代党的民族工作的科学指引——学习贯彻习近平总书记在中央民族工作会议上的重要讲话精神》，《求是》2021年第21期，第42—49页。

认同与归属均可以引发个体与群体之间的关系确认，但从词源学的角度出发，“认同”一词为承认、赞同之意，即认同侧重于强调主体对客体心理层面的认可、赞赏与信仰，从而成为自觉维护认同客体的更深层次的行为驱动力。铸牢中华民族共同体意识型塑的是国民的政治认同，开展“五个认同”教育既是铸牢中华民族共同体意识的要求，又承继着追求团结统一的中华民族内生动力。[①]对伟大祖国的认同凝聚爱国主义，厚植家国情怀，是对我国统一的多民族国家的历史合法性的认同；对中华民族的认同有助于深刻理解幅员辽阔的统一多民族国家和人口众多、多元一体的中华民族是中国人民继承的两大宝贵历史遗产[②]，是对中华民族共同体内在结构的深层认同；对中华文化的认同积淀着最深层的精神内核，为中华民族的生生不息提供了丰厚的精神滋养；中国共产党是我们最坚强的领导核心，对中国共产党的认同无疑是中华民族伟大复兴的根本保证；中国特色社会主义是党和人民经过长期实践检验的正确发展方向，对中国特色社会主义的认同是中华民族前途命运的重大制度保障。以“五个认同”为核心的铸牢中华民族共同体意识是各族人民对命运共同体的自觉性意识，能够为构筑中国精神、增进民族团结、凝聚中国力量提供精神指引，是各族人民对中华民族共同体生成政治归属和政治认同的内在保障。通俗地讲，就是在情感和信仰方面，各族人民用“五个认同”来回答“我信什么？我忠诚于什么？”的问题。

增强国家意识、公民意识和法治意识是铸牢中华民族共同体意

---

① 严庆：《政治认同视角中铸牢中华民族共同体意识的思考》，《北方民族大学学报》（哲学社会科学版）2020 年第 1 期，第 14—21 页。

② 马大正：《中国疆域的形成与发展》，《中国边疆史地研究》2004 年第 3 期，第 1—17 页。

识的落脚点。一般而言，意识表现为知、情、意（即知识、情感、意志）三者的统一，是指个人直接经验的主观印象，具有自觉性、目的性和能动性三大作用特性。增强各族人民的“三个意识”能够培养各族人民的爱国情怀，让他们将公民的责任与义务牢记于心，并自觉地遵守法律法规，使爱国、尽责、守法成为每个中华儿女的行为标尺。增强各族人民的国家意识是多民族国家的重要精神纽带，也是培养公民责任感和爱国主义精神的重要基础；公民意识则有助于建设公民社会，鼓励社会成员承担社会责任；法治意识则是推进民族事务治理法治化的重要条件，教育引导各族人民深入学习法治思想，深刻理解维护国家统一和民族团结是公民应尽的义务。强化“三个意识”对于多民族国家的政治整合与政治认同具有重要作用，是建构并巩固政权合法性的有效途径。因此，加强各族人民对共同体的“三个意识”，建设认同度更高、凝聚力更强的中华民族共同体，是铸牢中华民族共同体意识教育的深层要义。通俗地讲，就是使各族人民用“国民的行为准则、公民的行为准则以及遵守法律法规的意识”来回答“做什么？怎么做？”的问题。

二、铸牢中华民族共同体意识教育的内容与维度

教育内容是实现教育目标、完成教育任务的具体依托。因此，对教育内容的把握应从铸牢中华民族共同体意识的目标入手，以此实现教育内容的有机融入，并从归属感教育、认同教育、意识教育三个维度深化铸牢中华民族共同体意识内涵教育的方向性理解。

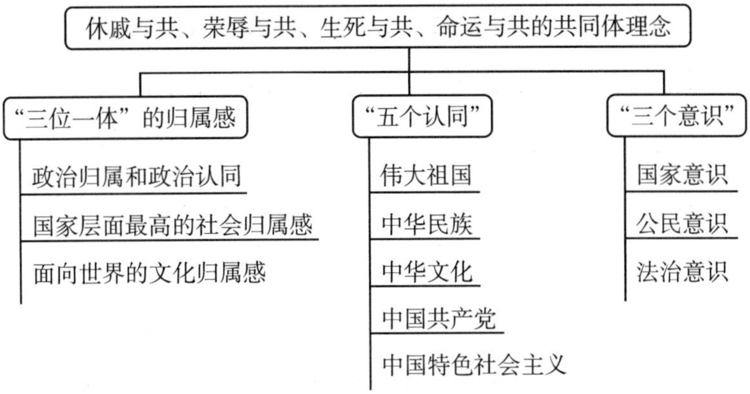

图 1　铸牢中华民族共同体意识的内涵及三个理解维度

（一）深化“四个与共”的共同体理念教育

1. 理念教育的所指

《新编汉语辞海》中对“理念”一词的解释有两条：一是观念，二是信念。[①] 两条解释皆从思想层面强调了理念是对一定目标、原则、方法等的认定和追求。在更早关注理念的西方哲学思想中，“理念”一词则被赋予了更为深刻的涵义。柏拉图在继承其师苏格拉底“普遍性定义”[②] 的基础上发展了“理念论”，将万事万物的本质以及其存在的根据统称为“理念”，认为理念是万物成为自身以及人们认识事物本质的必要条件。他将世界划分为由具体事物所构成的“可见世界”与由具体事物的理念要素所构成的“可知世界”即理念世界，认为“可见世界”是理念世界的影子，受理念世界的支配。[③] 因此，柏拉图认为感官能够感受到的世界是虚幻而又缥缈

① 路丽梅、王群会、江培英主编《新编汉语辞海》，光明日报出版社，2012，第 799 页。

② 苏格拉底用逻辑方法对事物进行从现象到本质的分析，揭示一类事物的共同本质属性，阐明这类事物存在的因果本性，要求从人的理性思维出发来探究事物的本质，这就是苏格拉底的“普遍性定义”。

③ 柏拉图：《理想国》，郭斌和、张竹明译，商务印书馆，1986。

的，只有通过理念的获得才能真正掌握世界的本质。

亚里士多德的功能论证[①]认为功能是事物存在的原因和目的。我们强调理念教育的重要性就是因为“理念”所具备的功能对于事物的发展能够起到举足轻重的作用。其一，“理念”能够帮助人们认识事物的本质。柏拉图将理念视为由“可见世界”通往“可知世界”的钥匙，认为如果脱离了事物的理念，人们就无法认识到事物的本质。因此，柏拉图认为具体事物正是由于具备了某种“理念”，才成为事物本身。其二，“理念”对事物的发展方向、发展进程、发展效果都有着重要的引领作用。习近平总书记2016年在江西视察时指出“发展理念是发展行动的先导”，强调理念在事物发展过程中的全局性、根本性和长远性。“理者，物之固然，事之所以然也。”因此，发展理念是否对头，从根本上决定着发展成效乃至成败。[②]

据此，本文认为“理念”是一个既能反映事物本质，又能强调人类思想意识的概念。首先，“理念”在哲学意义上就是事物的本质，事物存在的意义就是实现其本质，从而使其实现真正意义上的自我。因此，人们只有通过理念的获得才能真正理解并认识客观世界。其次，“理念”就是人类理性化的想法和见解，是人类通过对客观事物进行抽象概括而得的普遍性经验，反映了人类对于客观事物的认知与信仰，强调人类思想活动对于事物发展的重要性。“知

① 功能论证是亚里士多德为表明“最高善就是幸福”所展开的论证的概括。通过这个论证，亚里士多德将其伦理学及幸福学说建立在“人的功能”之上，可以说，功能论证是亚里士多德伦理学的基础。

②《完整准确全面贯彻新发展理念——论学习贯彻习近平总书记在省部级专题研讨班上重要讲话》，《人民日报》2021年1月14日，第1版。

之愈明，则行之愈笃。”理念不仅是人们认识事物本质的必要条件，而且具备重要的先导作用，能够指引事物的发展方向。理念的内核提示我们在教育中要加强理念教育，根据教育目标给受教者传递相应的理念，能够使受教者认识到教育目标的本质，在受教者“知其然”并“知其所以然”的前提下，树立正确的理念以提升教育效果，这就是本文所强调的理念教育。

2. 共同体理念教育

理念教育的内涵和功能决定了共同体理念教育在铸牢中华民族共同体意识教育中能够发挥重要作用。铸牢中华民族共同体意识关切的是国家主权与领土完整，它是各民族实现团结一体的本质动因，是中华民族实现伟大复兴的精神源泉。

掌握共同体理念有助于提升铸牢中华民族共同体意识教育的实践成效。“四个与共”中的“与共”代表着各族儿女在中华民族大家庭中手足相亲、守望相助，无论发生什么事都共同面对的坚定信念。“休戚与共、荣辱与共、生死与共、命运与共的共同体理念”涉及各族人民在情感、荣辱、忠诚、命运等方面的情感与实践体验。可以理解为中华民族在共同经历了生死考验后结下深厚情谊，各民族之间彼此信赖、同生共死，最终形成了你中有我、我中有你、谁也离不开谁的实践共同体。“四个与共”的共同体理念教育就是要选取合理有效的知识素材，将抽象的“中华民族共同体意识”进行具象化说明，让学生在可听、可见、可感的共同体理念教育实践中真切感悟到，我们辽阔的疆域是各民族共同开拓的，我们悠久的历史是各民族共同书写的，我们灿烂的文化是各民族共同创造的，我们伟大的精神是各民族共同培育的[①]“四个共同”重要观点。

综上所述，共同体理念是对铸牢中华民族共同体意识内涵的诠释，是铸牢中华民族共同体意识的重要内容。在共同体理念教育中不断铸牢中华民族共同体意识，教育引导学生准确把握统一多民族国家的国情与中华民族多元一体格局；认识到中华民族是由共同的疆域、共同的历史、共同的文化和共同的精神凝聚而成的民族实体，是不以人们意志为转移的客观共同体。同时，使共同体理念服务于铸牢中华民族共同体意识的教育目标，在“四个与共”的共同体理念教育中不断增进中华民族向心力、凝聚力和一体性、共同性。

（二）从三个维度深化铸牢中华民族共同体意识内涵教育

1. 归属感教育：以“三位一体”的归属感教育巩固各族人民的忠诚团结

（1）何谓归属感教育

《新编汉语辞海》中对“归属”一词的解释是从词源学意义出发，其中“归”为动词，强调趋向或集中于一个地方；“属”指类别；“归属”即为确定从属关系的动词。[②]《新唐书·李密传》中写道：“擥天下英雄驭之，使远近归属，公不如我。”[③]这里的归属指的是招揽天下英雄使其归顺附属之意。马斯洛在其需要层次理论中提出归属与爱的需要是人类最为重要的心理需求，这里的归属则

①《坚持共同团结奋斗共同繁荣发展 各民族共建美好家园共创美好未来》，《光明日报》2019年9月28日，第1版。

②路丽梅、王群会、江培英主编《新编汉语辞海》，光明日报出版社，2012，第491页。

③《新唐书》卷八十四，列传九，中华书局，1975。

是从心理学角度出发，用以描述个体对所属群体产生的情感认同和心理依赖的归属感之意。因此，归属是一种内在心理感受，是个体对所属群体的一种心态依附。

当个体对所处关系产生归属感时，其行为表现较为积极，会自觉自发地融入某一组织，并对其文化价值产生认可，表现为积极参加组织活动，主动关心组织发展，与组织内部其他成员相互认可，获得情感支持，特别是在组织成员一致对外或取得集体荣誉时，对于所处组织的归属感会愈发强烈，群体成员会表现得更加团结。据此，归属感的内涵和本质决定了在教育中传授以培养受教者归属感为目的的教育内容对受教者和社会组织有着重要的意义。首先，对于受教者而言，归属感教育能够使教育客体通过获得群体内其他成员的肯定与认可，感知到自己是某一群体中的重要一员，从而使自身获得一种安全感和满足感，这有利于培养受教者的社会化能力；其次，对于组织而言，归属感教育不仅能够带来个体的忠诚与认同，还可以增进组织成员之间的团结与包容。

（2）“三位一体”的归属感教育

中国在漫长的历史发展过程中形成了一种独特的家国情怀，从《大学》中“修身、齐家、治国、平天下”的警世格言，到“天下兴亡，匹夫有责”的壮志豪情，再到岳母刺字鼓励岳飞“尽忠报国”的千古佳话，都是千百年来中华儿女家国一体归属感的体现。归属感教育的内涵与功能决定了面向全体国民开展归属感教育，符合铸牢中华民族共同体意识的内在要求。“三位一体”的归属感教育旨在使各族人民从政治、社会、文化三个层面形成对中华民族共同体的强烈归属感。

其中，政治归属通常是指人们对所属政治组织的依附与认同。

政治认同探讨的是公民对政治权威合法性的服从问题，它能够使人们产生政治归属感，人们认为一定的政治系统及运作符合他们的价值标准，就会对这一政治组织产生情感与行动上的支持和拥护，即政治权威合法性得到了确认。铸牢中华民族共同体意识具有强烈的政治属性。我国是历史悠久的统一多民族国家，追求团结统一是中华民族的内生动力，维护和发展统一的多民族国家是中华民族恒常的政治理想。因此，为了建设完整、一体的中华民族共同体，更要加强各族人民的政治归属和政治认同。

人的本质是家庭关系、法律关系、政治关系、经济关系、道德关系等社会关系的总和，社会性是人的本质属性。[①] 因此，社会归属是指人所处社会关系中的自我身份确认，包含了个人对于所处社会关系的认同感、安全感和成就感。“国家层面最高的社会归属感”是指中华儿女超越家族、民族身份，对中华民族多元一体的国民关系认同。费孝通先生指出：“中华民族，指的是中国各兄弟民族的总体认同。”“不管什么民族，只要是中华民族的一员，首先都承认自己是中国人，爱中国，维护中国的统一与中华民族的大团结，就是总体上的民族认同。”[②] 因此，国家层面最高的社会归属感就是指中华儿女深植于心的“我们都是中国人”的国民身份意识。

文化是一个国家存在和发展的重要基础。“面向世界的文化归属感”强调中华民族的文化自觉与文化自信，优秀的中华文化是中华民族凝聚力和创造力的重要源泉，体现了中华民族的国家认同与归属，反映了中华民族的血脉与精神；与此同时，中国文化与世界

① 中共中央马克思恩格斯列宁斯大林著作编译局编《马克思恩格斯文集》第 1 卷，人民出版社，2009，第 500—501 页。

② 费孝通主编《中华民族多元一体格局》，中央民族大学出版社，1999，第 262 页。

文化的交流与碰撞空前频繁。因此，在中西方文化比较中，须认知与把握中华文化特色，增强面向世界的文化归属感。同时，教育引导学生正确认识中华文化是各民族文化的集大成，使受教育者自觉传承和弘扬中华文化的形式与价值，增强中华文化的归属感、认同感和自豪感。

“三位一体”的归属感教育实质上是关注到了人是政治人、社会人、文化人的复合属性。首先，人类的政治历史始终围绕着权力和权利展开，在现代国家公民作为“政治人”进行政治参与，进而形成政治认同，是结成政治共同体的重要前提；其次，人无法脱离包括家庭关系、邻里关系、工作关系等一系列社会关系而独立存在，而这些社会关系正是社会共同体形成的重要因素；最后，文化也会成为影响共同体的因素，文化人是指人不同于动物的主要特征，文化的价值在于能够成为形成和维护共同体的纽带。教育实践以政治归属和政治认同强调了各族人民对共同体完整性的捍卫、以国家层面最高的社会归属感强调了中华儿女的国民身份意识、以面向世界的文化归属感强调了中华民族的文化标识与价值。服务于共同体的建设，“三位一体”的归属感教育能够培养其成员的认同与忠诚，是共同体发展壮大的必要保障。于共同体成员而言，“三位一体”的归属感教育能够使其更好地感受到中华民族共同体给予的安全与温暖，增强各族人民的联系与相互支持，“因为同根同源，所以同甘共苦”。因此，归属感教育在铸牢中华民族共同体意识中能够发挥巩固各族人民对中华民族共同体的忠诚团结的重要作用。

2. 认同教育：以“五个认同”塑造中华民族共同体的全面认同

（1）何谓认同教育

《新编汉语辞海》对“认同”一词的解释有两条：一是动因跟

自己有共同之处而感到亲切，民族认同、国家认同、文化认同中的认同就是此意；二是承认、认可之意，通常人们所说的得到了认同即为得到了认可赞同之意。[①]弗洛伊德最早在心理学临床研究中提出“认同”一词，将之用以描述一种情感或心理上的趋同现象，随着研究的不断展开，最终认为认同是自我与另一个自我同化的过程，而另一个自我则来源于对其他客体的模仿或依附。埃里克森将认同的概念发展成为社会心理学的核心问题，他认为认同或认同危机形成的本质是自我意识和社会文化之间的交流与碰撞。[②]根据以上定义及分析，笔者认为认同教育中的认同主要有两个方面的涵义：一是认同与身份、同一性等概念相关联，一般指在社会生活中，个体将自己区分或归类于某一群体的自我意识，也就是个体自我身份的确认；二是认同可以指代主体对客体的承认和赞同，这里的客体既可以指代某一行为体，也可以指代某种规范或观念。

认同发端于社会心理学，该学科认为认同是人类固有的行为驱动力，具有相同认同的人往往会采取一致行动保护或提高他们的认同。[③]一方面，就认同的身份认知涵义而言，这种行为驱动力表现为它会为个体在世界上预定一种社会角色，一旦个体基于认同将自己归类为某种身份，这种认同就会使个体按照其身份认同所设定的一系列的思想和行为规范行事；另一方面，就认同的承认和赞同之意而言，其行为驱动力表现为主体基于认可而对客体产生的体认或

---

① 路丽梅、王群会、江培英主编《新编汉语辞海》，光明日报出版社，2012，第 117 页。

② 爱利克·埃里克森：《身份认同与人格发展》，王东东、胡蘋译，世界图书出版公司，2021。

③ William Bloom，*Personal Identity*：*National Identity and International Relations*，（Cambridge：Cambridge University Press，1990），p. 53.

模仿，其态度和行为都会趋向利于客体的方向发展。认同在本质上是主体对客体的认知、情感和信仰，而认同的外延则是一个从心理到行为的演化过程，即“认知—情感—参与”的过程。据此，笔者认为认同在很大程度上会作用于受教者的价值取舍、目标设定以及行为方式，成为其自主行动的前提。因此，在教育中以制造认同为目标传授相应的教育内容，不仅能够使受教者在思想上产生认同，从而“心之所向，素履以往”，而且能够使他们在目标上产生认同，最终实现“大道行思，取则行远”。

（2）“五个认同”教育

认同建构是民族国家建设的重要诉求，其原因在于认同带来的行为驱动力能够有效调节民众的行为，从而为国家的稳定与发展提供驱动力。从现代国家的运行来看，国家认同能够维护国家的合法性基础，反之，认同危机的产生则是一个国家动荡和瓦解的开始。因此，国家认同建构往往被视为现代民族国家的战略要点。国家是政治、历史、文化、族类群体等多种因素复合而成的共同体，国家认同的构成必然受到多重要素影响。中国共产党从多民族的国情出发，引导各族人民不但强化“五个认同”，还将其作为铸牢中华民族共同体意识教育的核心内容。

“五个认同”意味着各族人民对共同体的全面认同，有助于全方位铸牢中华民族共同体意识。引导各族人民对伟大祖国的认同，就是引导各族人民对中华人民共和国这一主权国家及其国家演进历程的认同，其核心在于让爱国主义成为每一个中国人的坚定信念，具体表现为56个民族并肩捍卫国家统一和领土完整，坚决维护社会稳定和国家长治久安。对中华民族认同的重点在于使各族人民深刻理解中华民族是一个命运共同体，引导各族人民对中华民族的认同实质上是一个国民整合的过程，甚至就是国民整合运动。[①] 中华文化作为中华民族的共识性文化对于凝聚各族人民的团结有着不可替代的作用，引导各族人民对中华文化的认同，实质上具有文化整合的意义，有助于缔结各民族共有精神家园的文化纽带。党领导人民在实现中华民族伟大复兴的道路上不断进取，对中国共产党的认同既是各族人民在历史发展中的坚定选择，代表着中国人民对中国共产党最深沉的情感与价值肯定，也是确保铸牢中华民族共同体意识事业始终沿着正确轨道向前推进的组织保障。道路选择是决定一个国家和民族前途命运的重大问题，中国特色社会主义是我们党理论与实践的统一，对中国特色社会主义的制度认同代表着各族人民对中国特色社会主义道路的坚定信念。

综上所述，以“五个认同”为价值核心的铸牢中华民族共同体意识教育内容从历史合法性、共同体结构、文化纽带、政党导引、制度建设等多个层面巩固了各族人民对中华民族共同体的全方位认同。从身份认同的角度来说，引导各族人民对伟大祖国、中华民族和中华文化的认同，将各族人民纳入“中华民族”这一统一的国民身份当中，使各族人民为国家和民族利益生成行为驱动，有利于国家统一和民族团结。从承认与赞同的角度而言，引导各族人民对中国共产党和中国特色社会主义的认同则是引导各族人民对党和社会主义制度的认知、情感和信仰，以此来塑造各族人民对铸牢中华民族共同体意识的全面认同。

---

① 周平：《塑造国民整体性：中华民族构建的内在逻辑》，《汉江论坛》2018 年第 8 期，第 16—24 页。

3. 意识教育：以“三个意识”凝聚各族人民的奋进力量

（1）何谓意识教育

《新编汉语辞海》中对“意识”一词有三种解释：一是人脑对客观物质世界的反映，是感觉、思维等各种心理过程的总和；二是作为名词的认识，如环保意识、节约意识等；三是动词，为觉察之意。[①]心理学界认为意识是反映现实的心理现象的总和，是人们通过对外界和自身的觉察与关注所得的个人直接经验的主观呈现，表现为知、情、意三者的统一。其中，“知”指知识，代表人类对世界的理性追求；“情”指情感，代表人类的主观感受；“意”指意志，代表人类在追求某种目标时表现出来的精神状态。本文所研究的意识教育中的意识是指一种观念的集合，其源于社会存在而存在，既表现为对事物的理解和认知，也表现为在认知产生后对待事物的情感和意志。

马克思主义哲学认为，意识具有一定的主观能动性，表现在两个方面：一是意识能够反映客观事物，既能反映事物的外部现象，也能通过表象反映事物的本质和规律；二是意识可以发挥能动作用，人们在意识的引导下行动，正确的意识能够引导正确的行动。笔者所持的观点是依据意识的能动作用原理，加强意识教育一方面能够在头脑中“植入”和“生成”正确的意识；另一方面，正确的意识能够推动正向的行动来进行建设。铸牢中华民族共同体意识的本质是要推动中华民族共同体的建设，只有树立了正确的意识才能保证教育目标的顺利实现。

---

① 路丽梅、王群会、江培英主编《新编汉语辞海》，光明日报出版社，2012，第 1578 页。

（2）“三个意识”教育

增强国家意识、公民意识、法治意识，既是铸牢中华民族共同体意识教育的内容，也是教育追求的目标和效果。

首先，开展国家意识教育首先要明确什么是国家意识。美国学者亚历山大·温特认为：“国家意识意为同一国家的居民在共同的历史进程中对国家形成的态度、情感、信念、习俗、价值认同等方面的复合存在。”① 国内学者将国家意识定义为“对某一特定的民族、社群、文化、传统和语言的归属”②，“是人们对国家的认知、理解与情感的集合，它的强弱程度影响着国家向心力与民族凝聚力”③。综合以上观点，本文认为国家意识是民众拥有的家国情怀，来自对国情现状和国家历史文化的认知和理解，从而形成的一种体现为国家主人翁般的责任感、自豪感和归属感。国家意识在现代民族国家是一种重要的软实力，具有强大的感召力，能在很大程度上凝聚国民的团结，因此成为铸牢中华民族共同体意识教育的重要内容。

其次，“公民”一词最早产生于奴隶制社会背景下的古希腊，亚里士多德将其定义为“有资格参与城邦议事和审判事务的人”④。在我国，“公民”一词则是辛亥革命后传入的舶来词。梁启超指出：“凡生息于一国中者，苟及岁而有公民资格，可以参与一国政事。”⑤2001 年中共中央印发了《公民道德建设实施纲要》，其中规

---

① 亚历山大·温特：《国际政治的社会理论》，秦亚青译，上海人民出版社，2001。

② 于海：《民族精神意涵：国家意识、文化认同、公民人格》，《思想理论教育》2004 年第 12 期，第 3—9 页。

③ 冯庆想：《我国香港居民国家意识的多维透视》，《高校马克思主义理论教育研究》2022 年第 1 期，第 97—104 页。

④ 亚里士多德：《政治学》，吴寿彭译，商务印书馆，1965。

⑤ 张品兴主编《梁启超全集》，北京出版社，1999。

定“公民是指具有一国国籍，而与该国发生稳定的和全面的法律关系的个人”[①]，这说明“公民”是个人与国家之间的法律关系。因此，公民意识是一国民众对其作为公民角色及其价值理想的自觉反映[②]。公民意识教育的核心是要培养受教者正确认知并积极参与国家和社会公共事务。公民意识教育不仅能够提高公民参政议政的素质与能力，而且可以使集体意识进一步刻画在每一位公民心中。

2018年十三届全国人大一次会议通过的《中华人民共和国宪法修正案》将“中华民族”正式写入宪法当中，这一举措对推进全面依法治国，推动全国各族人民树立法治意识具有重大意义，不仅体现了中华儿女不分民族的共同国民身份确认，为维护中华民族共同体的合法性提供了重要保障，而且从宪法上保障了各民族权利平等，增强了各族人民的爱国主义情感和反分裂意识，进一步巩固了各族人民“休戚与共、荣辱与共、生死与共、命运与共的共同体理念”，有利于国家的统一、安全和发展。由此可见，开展法治意识教育是塑造国民行为方式和处世规范的重要手段，能够为铸牢中华民族共同体意识提供法治保障和规范。

综上所述，“休戚与共、荣辱与共、生死与共、命运与共的共同体理念”作为铸牢中华民族共同体意识的基本内涵成为铸牢中华民族共同体意识教育的重要内容，而归属感教育、认同教育和意识教育则成了深化铸牢中华民族共同体意识内涵教育的三个维度。其中，以“政治归属和政治认同、国家层面最高的社会归属感、面向世界的文化归属感”的归属感教育巩固各族人民的忠诚团结，以引

① 本书编写组编《〈公民道德建设实施纲要〉学习读本》，中共中央党校出版社，2001。

② 王礼刚：《大学生公民意识教育的现实困境和对策研究》，《中国集体经济》2010年第34期，第187—188页。

导各族人民不断增强“五个认同”，以“国家意识、公民意识、法治意识”的意识教育凝聚各族人民的奋进力量。因此，笔者认为理念教育、归属感教育、认同教育和意识教育通功易事，共同致力于实现中华民族“不分家、不分心、不分力”。

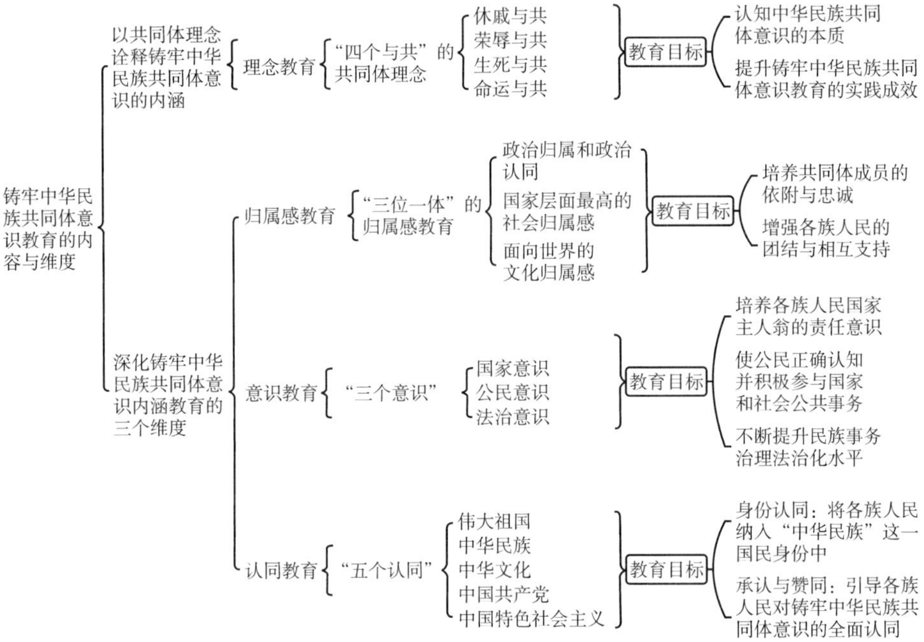

图 2 铸牢中华民族共同体意识教育的内容与维度

三、明晰铸牢中华民族共同体意识教育内容的内在逻辑关系

中华民族共同体意识教育是铸牢中华民族共同体意识的重要途径。中华民族共同体意识教育的内容包括以认知中华民族共同体本质和提升教育实践成效为目标的理念教育、以培养共同体成员对共同体的忠诚与依附和增强各族人民的团结与支持为教育目标的归属感教育、以引导各族人民对中华民族共同体的承认与赞同的认同教育和以激发各族人民的爱国情怀、公民义务、法治精神为目的的意

识教育。理念教育深刻阐释了铸牢中华民族共同体意识的内涵，在全部教育内容中发挥着提纲挈领的作用，而归属感教育、认同教育和意识教育则从不同维度深化了铸牢中华民族共同体意识的内涵教育。因此，理念教育、归属感教育、认同教育和意识教育呈现出一种层层递进、有机衔接的关系。同时，“四个方面”的教育内容与共同体之间也相互作用，形成一种循环模式，为铸牢中华民族共同体意识教育发挥重要作用。

第一，铸牢中华民族共同体意识教育内容的“四个方面”呈现出层层递进、有机衔接的协作关系。

现代心理学家一般认为，行为是有机体的外显活动，也就是说，个体的行为必然受到个体认知和情感态度的影响。本文所说的理念、归属、认同和意识均属于个体心理层面的状态与感觉，以上述四个方面为主要教育内容开展铸牢中华民族共同体意识教育的本质是通过“认知—情感—信念—行为”的行为逻辑将共同体理念、“三位一体”的归属感、“五个认同”和“三个意识”的教育内容传导于各族人民，其教育目标是将共同体意识深化于各族人民心中，使之成为各族人民最深层次的信仰遵循，以及在统一的国家和社会环境下共同的行为准则。

“知，是行之始。”我们说理念由意念发展而来，是人们将在社会生活中接收到的各种信息提炼而得的具有理性高度的观念，这种具有理性高度的观念代表着人们对事物的理性认知，可以成为正确行动的先导。共同体理念是成熟的、具有可信意义的共同体认知，以共同体理念进行谋篇布局集中体现了铸牢中华民族共同体意识教育的本质内涵与根本方向，成为各族人民准确认知中华民族共同体的重要一步。认知愈深刻，情感则愈具有理性指导。共同体理念帮助各族人民对中华民族共同体有了基本认知，在此基础上，各族人民与中华民族共同体逐步产生了一种内在联系，体现为各族人民对自身与中华民族共同体的从属关系认定，这种心理上的情感归属巩固了各族人民对中华民族共同体的依附与忠诚，成为中华民族共同体形成的必要条件；在理性认知与深刻情感的加持下，各族人民萌生出对共同体的承认与赞同。共同体理念与“三位一体”的归属感共同滋养了各族人民对共同体的崇尚，以“五个认同”为核心的认同教育则将各族人民对中华民族共同体意识的认知与情感进一步升华为一种坚定的信念。意志愈坚定，行为愈自觉。理念带来的认知、归属引发的忠诚、认同引导的信念使中华民族共同体意识成为各族人民心中的一种自觉能动的意识，即作为中华民族共同体的一分子要具备自觉的国家意识、公民意识和法治意识，“三个意识”的树立也进一步从行动上落实了理念、归属与认同的教育目标，最终完成了全方位教育实践。

第二，中华民族共同体与铸牢中华民族共同体意识教育内容的“四个方面”相互支撑、循环发力，合力构成了铸牢中华民族共同体意识教育的有机整体。

根据上文，理念教育、归属感教育、认同教育、意识教育从“知、情、信、行”几个方面合力夯实了实践基础，有助于实现中华民族共同体的稳固与团结。同时，共同体的稳固和团结同样可以反作用于“理念、归属感、认同、意识”教育，使共同体理念、“三位一体”的归属感、“五个认同”和“三个意识”教育实现进一步深化，从而形成一个良性循环。“知，是行之始”，但是“知”的实现又必须通过实践来完成，所以“行，是知之成”。这意味着铸牢中华民族共同体意识教育内容的“四个方面”与中华民族共同体之间构成一种相互作用的关系，符合“理论指导实践，实践反作用于理论”的辩证唯物主义的认知过程。

综上所述，“四个方面”存在一定的内在联系。首先，理念、归属感、认同和意识这“四个方面”从“知、情、信、行”实现了教育内容的相互联系和相互渗透，呈现出阶梯式的递进关系。在“四个方面”所发挥的效用当中，知是基础，行是关键，在由知到行的转化过程中，情、信起着调节和促进的作用，符合人类认知生成到行为巩固的基本教育逻辑。其次，理念、归属、认同和意识这“四个方面”与中华民族共同体之间相互促进、互相支撑，构成了一个内在的循环系统，完成了铸牢中华民族共同体意识在各族人民心中从“知”到“行”的教育实践。

四、结语

“立德树人”是我国教育的主题，其内容主要涉及爱国主义与民族精神教育、价值观与伦理观教育、法治与道德观念教育，契合于公民教育要求。作为公民道德建设，铸牢中华民族共同体意识教育实际上是在民族关系领域对《新时代公民道德建设实施纲要》和《新时代爱国主义教育实施纲要》的落实与维护，其定位与内容更加强调政治归属和政治认同。习近平总书记指出：“古今中外，每个国家都是按照自己的政治要求来培养人的，世界一流大学都是在服务自己国家发展中成长起来的。我国社会主义教育就是要培养社会主义建设者和接班人。”[①] 我们要以培养各族人民对中华民族共同体的政治归属和政治认同为目标，以理念教育深刻诠释铸牢中华民

① 习近平：《在北京大学师生座谈会上的讲话》，《光明日报》2018年5月3日，第2版。

族共同体意识的内涵，依托归属感教育、“五个认同”和“三个意识”，从“我是谁，我认同谁，我该怎么做”三个层面进一步深化铸牢中华民族共同体意识的教育内涵，不断提高教育的针对性和有效性，从认知、情感、信念、行动四个方面使铸牢中华民族共同体意识入脑入心入行。

历史政治学视域下的中华民族共同体建设①

如何解释中国的政治发展，一直是国内外政治学界的重大议程和摆在既有政治理论面前的重要挑战。当既有的理论逻辑与范式难以有力解释现实逻辑时，新范式、新理论的诞生就成为一种必然。作为中国政治学学科主体自觉和方法论反思产物的历史政治学如新笋破土而出，是建构中国自主知识体系的有益尝试。2013 年，姚中秋教授首次提出“历史政治学”的主张。②2019 年 4 月，中国人民大学历史政治学研究中心成立，成为历史政治学发展进程中的一个标志性事件，历史政治学的学术议程被正式提出，并引发了学界的积极反响。通过中国知网检索发现，自 2013 年“历史政治学”提出至 2022 年 6 月 1 日，以“历史政治学”为主题的学术论文有 110 篇，2019 年历史政治学学术议程正式提出后，相关研究成果的涌现最为集中。这无疑成为新兴分支学科成长的靓丽景致。

---

① 本文系国家民委民族研究基地重大项目“中华民族共同体理念‘四个与共’研究”（项目编号：2021-GMG-005）的阶段性成果。本文原发表于《探索》2022 年第 5 期。第二作者王跃为中央民族大学民族学与社会学学院民族政治学专业博士研究生。

② 姚中秋：《超大规模国家的治理之道》，《读书》2013 年第 5 期，第 59—66 页。

历史政治学之所以兴起，主要原因在于它能较好地回应中国政治学学科发展及中国重大政治现实问题对新范式、新理论的呼唤。历史政治学就是基于政治学的视野审视历史，以历史研究成果去拓展政治学的研究。在认识论上，历史政治学关注政治议题的情境；在方法论上，重视问题的时序和进程；在本体论上，“历史”在历史政治学那里不仅仅是观念，而且还是具有本体论意义的存在，历史政治学研究古今直接关联性并从中提取出解释性概念或理论，是实存性与实证性的统一。[①] 作为以“求治”为导向的政治学[②]，历史政治学的政治实践价值在于为治理提供历史解释与现实论述，并为认识合法性政治提供不同于西方社会科学“理性人”假设的历时性方法[③]。因此，历史政治学有助于更加全面地认识当代中国的政治价值、政治制度以及政治行为的由来，并为理解当下中国政治与历史上的政治的关联性提供了清晰的解释。[④] 换句话说，历史政治学给予政治与政制更多的客观“生长性”解释，而非主观“建构性”认知。历史政治学为中华民族共同体研究提供了新的理论视角、分析路径与研究范式，更好地实现了理论逻辑、历史逻辑和实践逻辑的贯通与统一，更直观地揭示了中华民族共同体建设与中国政治文明土壤的关联，并能为中华民族共同体建设提供有力的学理支撑。

---

① 杨光斌：《扎根于中国大地的历史政治学》，《光明日报》2020 年 5 月 6 日，第 11 版。

② 杨光斌：《政治学研究范式的转型：从“求变”到“求治”——政治学学科史的视角》，《中国政治学》2018 年第 1 期，第 35—74 页。

③ 杨光斌、释启鹏：《历史政治学的功能分析》，《政治学研究》2020 年第 1 期，第 10—20 页。

④ 杨光斌：《什么是历史政治学？》，《中国政治学》2019 年第 2 期，第 3—21 页。

一、历史政治学为何能赋予统一多民族国家新的解释

历史政治学适用于阐释中国作为多民族国家由何而来、缘何能够。中国是一个历史悠久、规模超大的多民族国家，关于多民族国家的建设、整合一直是中国政治学、民族学研究的热点问题，但长期被“舶来”的理论所主导的学科范式难以合理作答。“舶来”的民族国家理论基于西欧近代政治哲学中的理性个体而预设，基于16世纪以来西欧封建政体向近代民族国家转变的历史经验，即“民族国家”“一族一国”的历史经验而成型。这种来自西方历史经验的抽象产物，与中国统一多民族国家的长期政治实践之间存在难以调和的抵牾。甚至“民族”等基本概念本身亦众说纷纭，单是关于“人们共同体”的各种词源追溯、辨析、争论与修正，就已经在中国相关研究中造成了不小的困扰，耗用了不少学术资源。这亦在学界、决策层、大众的讨论中引发长期磋磨，突显出外源理论带入中国现实的“水土不服”困境。自20世纪60年代多元主义兴起以来，西方民族理论逻辑中更隐匿着将共同体无限细分的倾向，这就不可避免地带有解构统一政体、销蚀现代国家治理的悖论。这些“舶来”的西方理论既无法匹配中国两千余年大一统国家民族事务治理的实践，又难以匹配现当代中国政治发展的现实需求，事实上其本身也在西方现当代政治生态中造成种种乱象，遭遇重大挑战。

鉴于西方民族主义、民族国家理论在中国的具体场域中具有不适应性，中国的多民族国家建设阐释需要一套与自身历史、文明、实践相匹配的思想资源和学科范式，需要扎根于本土的知识生产。历史政治学便是符合这一需求的知识供给、视角供给。作为一种本

土化的政治学研究路径，历史政治学的基本分析策略是以当代中国政治实践中的议题为问题意识的根源、以政治文明沉淀的深层结构为主要研究对象、以结构的发展演变作为因果解释的逻辑起点[①]，为合法性关切和治理需求提供基于历史解释与现实论述的学理支撑。历史政治学的这种学科品质更匹配中国的历史国情，更关注现代中国政治的深层结构、核心关切与价值依归，也更能够缓解既有政治理论“远水难解近渴”甚至“越喝越渴”的困境与尴尬。历史政治学采用的历史视野、经验研究取向和“求治”导向契合了中国作为一个历史悠久的政治共同体的本质特征，构成了历史政治学的解释信度优势。

其一，历史政治学以中国延续两千余年不辍的大一统的政治史为知识来源，从历史和实践方面为理论提炼提供丰富素材。从连续性的历史哲学角度来看，中国是最具历史连续性的文明体，这种高度连续性的文明史必然包含着与历史延续性密切相关的政治机制与政治文化基因，如围绕最高政治权威的中央集权和大一统、作为国家治理体制主体的科层制（郡县体制），以及民本主义治理理念、家国同构、宗藩制度等。多元一体的格局、结构是实实在在从中国漫长的文明史中结出来的“果实”，在时序发展中也可以被视为过程。多元一体的结构与过程是中国不同于世界上大多数国家的重要特征。相应地，中国历史中关于民族事务治理和国家整合的政治理念、制度、行为的记载、梳理、总结、沉淀十分丰富，其中不乏古人以传统政治话语表述的一般性政治理论和政治概念，历史学科对

① 汪仕凯：《中国共产党领导制度的历史政治学分析》，《中国人民大学学报》2020年第1期，第28—38页。

其还原、阐发也颇有成果。然而，如此深厚的知识资源却未能生长出成体系的、本土性的国家建构理论，不得不说是一种遗憾。倘若能借助历史政治学的范式与方法，对这一资源加以进一步提炼、抽象，则必然能为政治学知识生产提供有力的历史镜鉴与理论支撑。而历史政治学对于中国“政治早熟”的判断，更有助于研究者越过既有民族政治理论的“现代性隔膜”，将古今中国的民族政治贯通成一体，提炼出一般性理论与解释框架。

其二，历史政治学紧紧抓住了现代中国政治的核心要素。历史政治学认为，现代中国政治最主要的特征是“政党中心主义”，党的领导是全心全意为人民服务的政治路线的政党化表达，是广泛的人民代表性的组织化凝结。中国共产党的领导是理解现代中国政治的根本出发点，是现代中国政治的深层结构，也是现代中国政治的核心要素。作为使命型政党的中国共产党是现代中国的组织者，是人民与国家的联结纽带，是新的“大一统”秩序的核心，与西方政治范式中以政治竞争为目标的利益集团式政党不同。政党中心主义不是西式宪制的产物，而是近代中国国家危机的产物——党在传统国家的废墟中重组了现代国家[①]，并决定了国家的命运。党不仅继承了历史中国的“道统”[②]，又承载了中国政治的现代性，是历史中国与现代中国的政治纽带[③]。既有民族政治学说基于“国—族”二元关系的元理论设定，难以为包括政党中心主义国家在内的纷繁复

① 杨光斌：《制度变迁中的政党中心主义》，《西华大学学报》（哲学社会科学版）2010年第2期，第1—6页。

② 杨光斌：《历史政治学视野下的当代中国政治发展》，《政治学研究》2019年第5期，第2—14页。

③ 汪仕凯：《中国共产党领导制度的历史政治学分析》，《中国人民大学学报》2020年第1期，第28—38页。

杂的案例搭建全面、现实、深入贯通的解释框架；而历史政治学对“党的领导”的关注，契合了现代中国最大的政治现实，有助于将现代中国政治的深层结构和强影响因子带入国家建构与民族事务治理的研究之中。这就为深层逻辑的探寻提供了至关重要的视角与维度，也呼应了民族政治学界多年前就存在的“将政党主体角色与多民族国家建构相结合”的理论诉求。①

其三，历史政治学是关注合法性与治理的研究，能够满足政治学“求治”的转向需求。自改革开放以来，传布“拿来”的概念、理论和观点，在中国政治学研究中一度占有相当大的比重。进入 21 世纪后，中国政治学界开始思考“政治语言和学术语言的剥离”现象，并开始向以“国家治理”为最大公约数的多元化研究转向。可以说，对以“治理”为主题的建制性政治理论的探索是以中国历史与实践经验为出发点的研究活动，也是在与“拿来主义”思潮的对话中形成的成果。② 对于这种以“求治”为导向的政治学来说，基于历史文化基础和纵向逻辑关联的研究路径与范式是不可或缺的，也是对“舶来”的外源范式的补充与纠偏。因此，历史能够成为“求治”的理论出发点，而历史政治学也能够满足政治学“求治”的转向需求。

可以说，历史政治学就是一套将政治合法性论述及满足治理需要的知识生产作为重要学科任务的政治学范式。③ 因此，多民族国

① 周平：《多民族国家的政党与族际政治整合》，《比较政治学研究》2011 年第 1 期，第 34—49 页。

② 杨光斌：《作为建制性学科的中国政治学——兼论如何让治理理论起到治理的作用》，《政治学研究》2018 年第 1 期，第 12—22 页。

③ 杨光斌、释启鹏：《历史政治学的功能分析》，《政治学研究》2020 年第 1 期，第 10—20 页。

家整合与民族事务治理理所当然是“求治”的历史政治学关注的重要领域；多元一体国家的历史合法性论述和民族事务治理的相关研究，自然也应该并且能够成为历史政治学的重要议程；而历史政治学的“求治”导向与基于历史性、经验性研究的学科理路，也必然能为这个宏大的研究议程提供有力的学理支撑。

二、政治进程与权力结构中的中华民族共同体

作为一种本土化的政治学研究路径，历史政治学一方面强调必须将中国政治研究的问题意识植根于中国历史，这是历史政治学同当前政治学流行的研究路径的基本差异；另一方面，历史政治学从结构出发建立因果解释，结构因素就成为因果解释的一条主线[①]，结构的发展与变迁也成为历史政治学进行因果解释的逻辑起点[②]。中华民族共同体建设作为中国政治学研究的重要议题，需要从历史进程与政治结构两个维度进行审视。

（一）历史进程中的中华民族共同体：大一统政治哲学的历史贯穿

从形成和发展过程的角度看，中华民族共同体是一个有着共同历史叙事、集体记忆和命运关联的历史命运共同体[③]，也是一个历时

① 汪仕凯：《中国共产党领导制度的历史政治学分析》，《中国人民大学学报》2020 年第 1 期，第 28—38 页。

② 贺东航：《中国共产党领导国家成长的复线逻辑——一项历史政治学的考察》，《东南学术》2021 年第 4 期，第 1—11 页。

③ 朱碧波：《论中华民族共同体的多维建构》，《青海民族大学学报》（社会科学版）2016 年第 1 期，第 26—32 页。

性的政治共同体[①]。历时性的政治共同体延续着同样的政治哲学、政治价值与政统体系。中国政统绵延不辍的制度基因包括“大一统”理念、科层制的郡县体系、民本主义有为政府、以伦理为内核的家国同构等内容。[②]“大一统”作为其思想内核，既是一种贯穿于中国王朝历史的政治哲学，也是一个经久不衰的政治治理实践历程。思维认知和实践行动之间的长期互相促进将大一统型塑、积淀为一种传统，成为中华民族共同体建设的历史合法性源头。[③]

历史进入西周时期，封建体系取代了小邦林立的格局，“溥天之下，莫非王土，率土之滨，莫非王臣”意味着周王朝天下观与一统观的初步形成。春秋战国的纷乱时代，时人托名大禹而作《禹贡》，勾勒了一幅理想政治图景——将“王土”划分为九州，并由近而远对“五服”进行差序的政治管理、经济汲取、军事捍御、文明教化、羁縻绥抚。换言之，《禹贡》中已经初步具备了科层制国家、宗藩体系和国家对社会的渗透性控制等治理要素，反映了大一统思想产生的观念背景。秦代，一体化整合以及郡县制科层结构的治理模式有力加强了对多民族国家的控制，使得大一统的政治理念具备了现实操作的可能，把统一视为历史常态也从此成为各民族共同的心理认知基础，进而把“大一统”确立为至高无上的政治追求。[④]汉代，董仲舒在《春秋繁露》中系统阐述了“大一统”主张，

---

① 姚大力：《追寻“我们”的根源——中国历史上的民族与国家意识》，生活·读书·新知三联书店，2018，第 19 页。

② 杨光斌：《中国文明基体论——理解中国前途的认识论》，《人民论坛》2016 年第 15 期，第 58—61 页。

③ 严庆、平维彬：《“大一统”与中华民族共同体意识的形成》，《西南民族大学学报》（人文社会科学版）2018 年第 5 期，第 14—18 页。

④ 常安：《统一多民族国家的宪制变迁》，中国民主法制出版社，2015，第 21 页。

强调在政治上统一于最高政治权威、在思想上统一于儒学，并提出“王者爱及四夷，霸者爱及诸侯，安者爱及封内，危者爱及旁侧，亡者爱及独身”的观点[①]，把“爱及四夷”视为明主的政治标准以及与共同体的至高形态相匹配的治理方式。这实际上可以视为董仲舒对多民族政治统合体建构的具体原则。此后，凡定鼎中原、统承大业者不论其族属如何，无不把巩固中央集权、尊奉儒学，以及建立有效的边疆民族事务治理机制作为实践“大一统”、塑造“天下一君”的重要政治路径。

清末民初，中国在走向现代化而需要相应的中央集权时，却出现了中央集权消解的危险倒退[②]，大一统秩序面临颠覆性的挑战，各民族凝聚的“纲绳”近乎断裂，外来的“民族国家”理论对中国的跨族政治整合体产生了冲击。面对这样的总体性危机，以发展健全的资产阶级/市民阶层为组织主体的英美式社会中心主义路径、以中央集权的官僚体系为组织主体的德日式国家中心主义路径，由于其组织主体的缺陷，均无法成为近代中国国家重组的有效路径选项，而政党作为新的国家组织者走向了历史前台。国民党没能有效完成孙中山“以党建国”的设想，重组国家并向国家植入现代性内核的历史任务最终由中国共产党完成。[③] 中国共产党在不长的时间内完成了社会革命，在革命中再造了大一统的内核，即建立起了政党中心主义国家。中国共产党在凝聚广大民众力量的过程中，一方

---

① 张世亮、钟肇鹏、周桂钿译注《春秋繁露》，中华书局，2012，第 316 页。

② 杨光斌：《制度变迁中的政党中心主义》，《西华大学学报》（哲学社会科学版）2010 年第 2 期，第 1—6 页。

③ 杨光斌：《以中国为方法的政治学》，《中国社会科学》2019 年第 10 期，第 77—97 页。

面为国家重组注入了人民主权的现代性原则[①]；另一方面成功整合了农民阶级与边疆群体这两个历史上主要的大一统秩序的挑战力量，进而重建了新的大一统秩序和跨族、跨区域政治共同体。随着大一统秩序的重建，中国共产党也将传统中国完整转型为现代国家，党的领导成为“再大一统”的核心内容，是传统中国与现代中国之间的政治纽带。[②]

中国共产党领导全国各族人民因地、因族制宜走上了中国特色社会主义道路，完成了中华民族有史以来最为广泛而深刻的社会变革。在这一进程中各民族共同当家作主，共同确立和保障各民族的政治、经济和文化权益，并与中华民族共同利益和国家整体利益统一起来。[③]可以说，新中国的共同体建设是大一统政治实践的现代升级，社会主义因素的汇入充实了共同体建设的内容。

随着社会主义经济制度的建立，公有制经济成为中国经济生活的主体，将各族人民结成了基于共同经济基础的利益共同体，为各民族的经济社会发展提供了可靠的物质保障，为中华民族共同体增加了物质利益和经济生活的纽带。在社会主义探索和建设时期，特别是在“三线建设”时期，国家凭借公有制经济的资金、技术、组织、人力基础，大力援助边疆民族地区的建设发展，极大改变了我国“东重西轻”的经济发展战略布局，改善了西部边疆民族地区的落后面貌，有力推动了西部地区的现代化，在这个过程中“大

---

① 汪仕凯：《中国共产党领导制度的历史政治学分析》，《中国人民大学学报》2020年第1期，第28—38页。

② 同①。

③ 严庆、余金华：《“中华民族共同体意识”生成论略——基于历史唯物主义的视角》，《中央民族大学学报》（哲学社会科学版）2022年第3期，第24—32页。

一统”理念也在国家的经济权力运作中得到了充分体现。改革开放后，现代化进程的加速极大促进了民族之间的交往交流交融，各民族前所未有地享有平等交往的条件和机会，各民族的交融也前所未有地深入。[①] 国家借助西部大开发、对口支援等举措，积极改善经济发展不平衡的状况，以国有企业为主的公有制经济力量和以国家利益与人民的总体利益为中心的格局，在重大经济结构与布局的调整中扮演了重要角色。总的来说，社会主义经济因素缩小了各民族、各地区的发展差距，保障了各民族根本经济利益的一致性，培塑了中华民族共同体的物质基础。

在长期的社会主义建设实践中，广大人民被纳入党领导下的各类经济、政治、社会组织，形成了高度组织化的经济发展、社会管理体制，这是“大一统”理念在社会整合中的体现。各类单位、系统和党群组织，一方面成为党密切联系、凝聚各族群众的组织纽带；另一方面深刻改变了中国人的生活方式，传统中国社会一盘散沙的旧貌有了彻底改观。与之相匹配，集体主义成为中国人处理个体与集体、民族与国家关系的基本原则，其作为社会主义的基本行为规范，发挥着凝聚各族人民共同价值观的重要作用，为中华民族共同体建设提供了有效的思想助力和理念基础。

（二）政治结构中的中华民族共同体：党的政治基础

相对于西欧早发“民族国家”，即“一族一国”的国家，中国作为后发国家，是一个典型的多民族政治共同体，组织国家的任务更为艰巨，对最高政治权威的能力要求更高，考验也更为苛刻。因

① 王希恩：《问题、视野及道路——关于当前中国民族问题的几点认识》，《西北师大学报》（社会科学版）2016 年第 5 期，第 5—12 页。

此，没有共产党就没有新中国，没有共产党更难有一个统一的中国。[①]今天的中华民族共同体的结构特征，最突出的一点就是以中国共产党为核心。[②]

历史政治学将当代中国界定为政党中心主义国家，中国共产党的领导是当代中国政治的核心特征，在国家治理中发挥着决定性的作用。中国共产党是以为人民服务为宗旨、代表中国最广大人民根本利益的政党，中国共产党的政党中心主义是以人民为中心的政党中心主义，是人民中心主义的政党形式的表达。在新民主主义革命中，中国共产党以“先锋队”的形式凝聚了中国广大民众的力量，从而重建了中国的最高政治权威。这种政治权威与古代中国最高政治权威的差异在于它建立在人民主权的基础上。同时，中国共产党依托发达的组织体系将广大民众凝聚成共同体，将人民作为最高政治权威的政治根基，并把人民的事务变成国家事务。而人民作为整体性的政治力量，决定了革命的前途并成为国家的主人，其与国家政权的关系是以党为中介实现的。也就是说，党的领导之所以构成国家治理的核心，从根本上取决于党始终将民众牢固地凝聚为作为统一政治实体的人民。这种凝聚就是对大一统的再造，从而实现了古代中国政治文明在现代国家的变革式延续。[③]

党对人民的凝聚，一方面是对包括工人、农民、小资产阶级和民族资产阶级在内的阶级凝聚，是中国共产党政治实践的阶级解放

---

① 杨光斌：《历史政治学视野下的当代中国政治发展》，《政治学研究》2019 年第 5 期，第 2—14 页。

② 周光俊、郭永园：《中华民族命运共同体与新时代的中国民族事务治理：历史方位、理论方法与概念议题》，《社会主义研究》2020 年第 1 期，第 68—75 页。

③ 汪仕凯：《中国共产党领导制度的历史政治学分析》，《中国人民大学学报》2020 年第 1 期，第 28—38 页。

维度的体现；另一方面是对包括各民族在内的民族凝聚，是中国共产党政治实践的多民族国家建构维度的体现。因此，在从“多元”向“一体”的统一多民族国家整合过程中，中国共产党不仅重建了历史中国的跨族政治共同体，更凝聚了各族人民的国民共同体。在当代的统一多民族国家建设进程中，中国共产党提出了具有中国特色的国家建构理念和方略，其中的核心内容是中华民族共同体建设。

中华民族共同体是以各民族成员共同的国民身份为基础，抽离于各民族文化差异之上的国民集合体，其本质属性是政治性，而引领各民族成员对中华民族共同体的政治认同，是关系多民族国家政治合法性的重大问题。[①] 中国共产党作为国家政权的领导者，设计了族际政治整合的国家制度，制定了国家的民族政策，主导着民族事务治理工作。因此，当代中国的多民族国家建设从根本上说是由中国共产党推动和实施的，是党将各民族凝聚为政治共同体的政治整合。[②]

党通过中华民族共同体建设不断凝聚人民，党的领导作为国家治理核心的根基也得以巩固，而统一多民族国家的历史合法性在党领导的现代中国得到了延续。与此同时，各民族以中国共产党为核心整合为中华民族共同体，借助价值目标与历史记忆的共享，使各民族的认同产生交集，形成国家认同[③]，在多元的基础上不断增进一

① 严庆：《本体与意识视角的中华民族共同体建设》，《西南民族大学学报》（人文社会科学版）2017 年第 3 期，第 46—50 页。

② 周平：《多民族国家的政党与族际政治整合》，《比较政治学研究》2011 年第 1 期，第 34—49 页。

③ 李义天主编《共同体与政治团结》，社会科学文献出版社，2011，第 37 页。

体的优先性，从历史文化复杂多元的各民族的群众凝聚为具有共同政治认同的人民，培塑了为推动国家制度巩固和发展的基础性政治资源。

三、为何建设中华民族共同体：历史性新任务与现实政治生态的选择

推进中华民族共同体建设是中国共产党执政的历史性课题，也是党面对内外政治情势的关键抉择。从历史政治学的视角来看，推进中华民族共同体建设是党对两千多年的统一多民族国家发展路径与治理经验的继承与发展，同时也是在民族复兴与世界变局相交织的复杂背景下，提升国家民族事务治理能力、应对风险挑战的重要举措，其最终目的是为中华民族伟大复兴提供切实的政治保障和发展动力。

（一）传统国家发展路径在现代的延续

中华民族共同体建设是历史中国的民族过程与多民族国家治理传统在当代的继承与延续。秦汉以降的帝制王朝在多民族国家的整合与治理中，主要采取两种不同的“崇一重多”路径：一种是基于中原王朝科层制的政治文化一体性的直接的中央集权治理，另一种是基于赋权的因地制宜、因族制宜的间接的多元治理。一体与多元两种治理模式长期并行，此兴彼落，因时因势因地而异。

从历史上看，一些少数民族入主中原建立的王朝之所以能比传统中央王朝更有效地管理更为广阔的版图、统合更多元的民族成份，确实与其灵活的多元治理有关。不过，深层原因绝非单纯的保留、继承更多元的本土性治理模式，而是因其更善于将一体性治理的内核因子注入各种本土性治理的具体形式之中。例如，清代尤以

多元化治理见长，其成功之处也恰恰在于根据大一统国家建设理念来改造“因俗而治”[①]，将国家权力广泛嵌入边疆民族多元的本土政治结构之中。清朝前中期在南疆地区保留了伯克制，但进行了政教分离的革新，并将伯克官职由世袭制改为有层级、成体系、重绩效的任免制；以系统严密的蒙旗制度管理蒙古各部，并进一步实行包括比丁、划界在内的人口、土地管理措施，使蒙古治理向“编户齐民”的方向发展；在青藏高原的政教合一制度中加入了中央政权对宗教组织事务的决定性干预机制，并通过多元复合的官僚体系和多民族嵌入的政治结构、空间结构对宗教权力进行制衡；在南方民族地区大力推行改土归流政策，推进国家一体性的整合，深刻改变了西南边陲的民族政治格局。

鸦片战争后，在内外因素交迫下清王朝的多元治理形式趋向萎缩，最高统治集团越来越倚重内地汉族社会的政治积极力量来维护自己的最高政治权威。[②]随着汉族人口及其生活方式向边疆民族地区拓展，晚清的筹边改省、弛禁放垦、学堂兴办、新军编练等政治举措在形式上推进了近代国家的一体性建构，同时也不可避免地冲击了边疆民族地区原有的社会政治结构。之后的民国政府基本延续了晚清的一体性国家建构路径，但由于中央集权的孱弱，导致部分地方的政治取向出现了民族化、区域化甚至去国家化的情况，致使统一多民族国家的结构出现了严重的动摇。

新中国成立后，中国共产党重建最高政治权威和大一统，很重要的一点就是再度恢复了近代以前的“一体渗入多元”的多民族国

① 马大正：《中国古代的边疆政策与边疆治理》，《西域研究》2002年第4期，第1—15页。

② 吴楚克：《中国边疆政治学》，中央民族大学出版社，2005，第59页。

家整合模式，并向其中注入了现代性的内核，具有了跨越民族和区域的占国民绝大多数的劳动人民的阶级支持。在新中国成立后的较长一段时间内，新中国以马克思主义的民族平等观作为民族事务治理的基石，以差异性身份承认和多元治理为侧重，建立以民族身份识别为基础并包括民族区域自治和差异化权利倾斜政策在内的政策体系。这为少数民族社会一系列群众动员、社会改造、政权巩固和经济建设创造了条件，对于民族事务治理绩效的优化起到了积极的效果，使少数民族很快确立起对新民族关系、新国家、新政党、新制度的认同。这种强调多元治理的政策体现了新中国的民本政治立场、恤弱的道德情怀以及对民族平等的价值追求。[①] 以“解放”为目标的革命集体主义理念与广泛而深入的基层动员相结合，激发出少数民族群众与国家所共享的共同命运感，从而获得大多数少数民族群众的认可，而向少数民族分配物质优惠、政治权力与象征性权益的差异化倾斜，迅速巩固了少数民族群众的民族身份、国家公民身份及新获得解放的人民身份之间的同一化结构。[②]

然而，随着时代的发展，多元化的民族事务治理路径的外溢效应逐渐凸显，不断消解其价值合法性，弱化其实践效用。相对的民族身份固化也在一定程度上阻滞了动态的民族演化进程和各民族相互浸润、涵化、交融的历史发展主流，在某种程度上唤醒、激活了与中华民族共同体意识相抵触的狭隘民族意识，也与中国共产党凝聚、巩固人民的努力和各民族的整体利益相抵牾，侵蚀着大一统的

---

① 朱碧波：《论我国民族事务治理中的身份固化与边界跨越——兼论少数民族权利保护的思路转换》，《中南大学学报》（社会科学版）2017 年第 6 期，第 124—130 页。

② 关凯：《边疆中国：从地域族群到文化政治》，《学术月刊》2013 年第 6 期，第 139—146 页。

合法性，不利于现代中国对历史中国的继承。因此，新时代的国家建设要消解多元治理路径所造成的消极效应，必然需要将国家建设的重心由“多元”转向“一体”，不断推进中华民族共同体建设和人民的不断凝聚，在尊重多元和差异的基础上增进共性认同、有机联系和向心内聚。

（二）基于历史经验的重要举措

中国的民族事务治理史与帝制国家的形成同样久远，两千多年的统一多民族国家的民族事务治理经验当然是中国民族政治学知识生产的宝库。因此，从历史政治学的视角来看，正确认识中华民族共同体建设需要基于民族事务治理的历史素材，特别是基于历代民族事务治理的经验和党领导人民进行革命斗争的经验。

帝制王朝民族事务治理的成功提高了多民族共同体建设的绩效，能够促成多民族共同体围绕最高政治权威进行整合，有利于最高政治权威和大一统秩序的确立与巩固，有利于各民族的社会稳定和经济发展，有利于促进各民族广泛、深入的交往交流交融。而中央王朝在民族事务治理中的失败也必然动摇大一统秩序，中断多民族国家的整合进程，并导致最高政治权威受损乃至崩解。虽然民族事务治理在王朝国家政治事务格局中占据的比重较小，却总能对王朝命运产生举足轻重的影响。

就现代来说，多民族政治共同体建设的绩效同样决定了中国政治的走向，是中国现代国家建构的重要内容。在新民主主义革命时期，中国共产党始终高度重视民族工作，始终注意将少数民族团结在党所领导的统一战线之中。无论是出于“平等、解放”的价值追求，还是出于“团结、依靠”的现实动机，中国共产党始终努力将少数民族力量剥离敌方、聚拢到己方，积极推进党领导下的多民族政治共同体建设。例如，随着抗日民族统一战线的形成，弥合国内一切分歧、集全民力量反抗日本侵略，成为中国共产党民族工作的主线。在此期间，中国共产党清晰地认识到，在反对日本帝国主义的斗争中，中国人是一个“民族”，针对性地加强了关于中华民族一体性的理论探索，向其民族工作原有的“多元”导向中注入了“一体性”和政治团结的内涵，褪去了原有的“民族自决”色彩。[①] 中国共产党把关于民族事务的政治探索限定在建设多民族政治共同体这个前提之下。

抗战胜利后，中国共产党进一步探索党领导下的多民族政治共同体的建设路径，内蒙古自治区的成立是其标志性的实践成果。抗战胜利后，中国共产党努力实现了对内蒙古自治运动的领导权的掌握，成功推动了内蒙古自治区的建立[②]，促成了以中国共产党为核心的多民族政治共同体的凝聚。1947 年内蒙古自治区的建立，标志着中国共产党将民族区域自治的政策成功付诸实践，开创了国家建构的新模式，这是民族区域自治制度在国家建构维度上的价值体现。此外，就解放战争的历史情境来说，内蒙古自治区的成立在东北、华北乃至全国解放过程中发挥了重要的作用。这是民族区域自治制度在民主革命维度上的价值体现，促成了国家最高政治权威的重建。具体来说，内蒙古自治区的成立为东北根据地西满地区的发展巩固提供了安全的保障，呼应了党中央提出的“让开大路，占领两厢”的东北战略方针，将东北、华北的解放区连成了一片。在辽沈战役中，内蒙古为东北解放军南下锦州提供了重要支援，促成了

---

① 中共中央统战部编《民族问题文献汇编》，中共中央党校出版社，1991，第 765—767 页。

② 李国芳：《中共民族区域自治制度的形成——以建立内蒙古自治政府为例》，《近代史研究》2012 年第 6 期，第 88—104 页。

解放战争全国战局的根本转折。

综合以上的分析可知，民族事务治理的绩效对于最高政治权威的命运和多民族国家建设的成败都具有深远的意义。当下的中华民族共同体建设，是党基于历史经验和历史逻辑，推动国家制度巩固和发展的重要措施。

（三）新形势下应对内外风险挑战、化危为机的现实要求

中国特色社会主义进入新时代，中华民族伟大复兴进入了不可逆转的历史进程。在百年变局的大背景下，中国的民族事务治理和国家建设进入了新的历史阶段，也面临诸多新情况、新挑战、新问题。马克思主义认为，民族问题是社会发展总问题的一部分，民族问题不可能脱离社会总环境而孤立地产生、变化、解决。改革开放以来，经济社会发展中的结构性变化作用于特定场域和多民族生态中，成为民族问题发展、演变的社会根源，给民族事务治理和国家建设带来了新的机遇和挑战。

从利益角度来看，市场经济环境下产生的价值理念和利益导向机制，极大地抵消了既有的差异性倾斜政策所追求的民族事务治理效果，甚至产生了一定程度的族际利益分歧扩大和民族身份意识强化的消极影响。随着少数民族社会城市化、现代化进程加速，曾经主要发生在内地的诸多发展转型的“并发症”与民族地区特有的社会文化环境发生了日益广泛的结合。在城市化和工业化进程中，大量人口的跨地域流动改变了某些民族地区的人口分布格局与市场中的竞争态势，影响了政府调节族际发展差距的能力，也增加了一些经济发达地区涉民族因素治理与公共服务供给的难度。这些民族事务治理难题除了需要提高国家的经济调控和资源分配等治理能力之外，以共同体建设为导向的措施也不可或缺。

从社会意识形态的角度来看，改革开放后多元化的价值不断涌入，基于社会主义意识形态的价值纽带在一定程度上被销蚀，统领性的价值引导与规范在一定程度上被弱化。各种基于民族、宗教、地域、文化、阶层、行业甚至性别的身份认同意识竞相迸发，产生了价值观念的混乱与冲突。[①] 在对外开放中涌入的多元政治价值观和多元文化主义理念在国内传布与扩散，不断解构个体、民族与国家之间既有的意识形态纽带，国家面临核心价值观流失与国家认同整合的双重挑战。经济社会转型与特定民族文化结构相耦合产生了社会问题泛民族化的暗流，包含着瓦解共同体的消极因素。网络传媒的兴起对涉民族因素的舆论分歧与身份意识固化产生了助推、放大、极化、茧房的效应，为各种破坏共同体整合的思想的传播提供了新途径。总而言之，人心归属与文化认同关系到政治共同体的稳定，为多民族国家与政党中心主义的治理提供重要的合法性依据，需要不断推进中华民族共同体建设来应对上述挑战。

从国际层面看，中国目前正处在民族复兴大业爬坡过坎的关键性阶段，在一些领域会与守成国家发生国家利益的碰撞，而外部负面因素的涉入也就成为今日中华民族的伟大复兴与历史上的“盛世”“中兴”“之治”的重要区别。在这样的背景下，一些国际势力试图把中国在民族事务治理中遇到的难题作为制约中国发展的“牌”，增添了中国国家建设议题的复杂性。外部因素的挑战固然对中国的多民族国家建设和共同体整合造成了困难，但也应当看到来自外部的挑战、竞争，能够刺激中国各民族形成“命运与共”的

① 朱军：《中国经济社会转型中的民族问题与民族事务治理——以国家治理能力为分析视角》，《民族研究》2015 年第 1 期，第 1—12 页。

体认，树立更为牢固的国家认同和共同体理念。历史经验表明，共同体的形成发展与战争、冲突、斗争等激烈的群体互动有密切的关联。因此，在当下应对外部挑战的激烈斗争中，中国人民比以往更清晰、直接地认识到自身利益与守成国家之间的差距，感知到自身关于强国建设、民族复兴、人民幸福的正当期许与遭受外部遏制、打压、分化、排斥的现实之间的落差。这种由国际因素所造成的相对剥夺感与追求民族复兴的热切期待，强化了作为上位认同的国家认同与中华民族认同，而引入共同命运、终极目标等能够强化上位共同体实体存在性的特定因素正是实现共同体认同的有效路径。[①]这就促成了中华民族共同体认同的巩固，加速了围绕最高政治权威的广泛、深入的全民族动员，有助于共同体认同的激励、边界的明晰和内聚力的增强。[②]从这个角度看，外部挑战的增大在一定程度上有助于强化以国家认同为导向的认同建构与调控，为中华民族共同体建设的推进提供外部助力与良好时机，尽管这样的外来挑战是我们不愿意看到的。

综上，面对国内外形势深刻复杂的变化，中国既要传承历史政治基因的“不变”，又要“因势、应势、顺势”把握情境的“变”，将中华民族共同体建设推向深入。

（四）马克思主义意识形态远景的民族向度

以党的领导为国家治理核心的政党中心主义体制与多民族的

---

① GAERTNER S. L，“Revisiting the contact hypothesis：The induction of a common ingroup identity，” *International Journal of Intercultural Relations*，No. 3（1996）：271—290.

② 严庆：《族群动员：一个化族裔认同为工具的族际政治理论》，《广西民族研究》2010年第3期，第35—41页。

国情，是讨论中国民族政治议题的两个根本出发点。就政党中心主义体制来说，作为当今世界最有影响力的后发国家和社会主义国家，中国的政党中心主义为后发国家政治现代化提供了新经验，为人类政治文明的多样化发展贡献了中国智慧与中国方案，展示了中国政治文明复兴的新前景。[①] 就多民族国情来说，多民族国家因其特有的“大型化”和包容性特征，较单一民族国家更加适应全球化时代[②]，现代国家的“多民族化”因而成为一种日益普遍的现象。无论是从国家的数量来看，还是从生活在其中的人口来看，多民族国家已经成为现代国家的绝对主流形态。作为中国国家治理的重要内容，中国多民族国家建构的绩效、成就与经验，在当下同样能为全球性的民族事务治理议题提供可资借鉴的经验。

在马克思主义民族理论经典作家的构想中，中央集权的、单一制的、社会主义的、多民族的大国作为一种历史中介，是无产阶级完成社会主义革命、发展生产力的有效工具，又是引领人类文明摆脱阶级桎梏，实现极大解放与飞跃更为理想的政治形态。[③] 因此，“统一的多民族国家”不仅是中国延续几千年的政治基因，更契合了马克思主义民族理论的理想设定。苏联和中国因为国家规模的巨大、民族构成内容的多元，也就更符合这种理想设定，更容易借助既有的现代国家建构与治理机制，为马克思主义民族观的发展完善提供有效的实践素材，这是社会主义多民族国家的实践对于马克思

---

① 郭定平：《政党中心的国家治理：中国的经验》，《政治学研究》2019 年第 3 期，第 13—22 页。

② 陈建樾：《全球化、民族国家与马克思主义》，《世界民族》2002 年第 2 期，第 1—7 页。

③ 中共中央马克思恩格斯列宁斯大林著作编译局编译《列宁全集》第二十四卷，人民出版社，1990，第 148—149 页。

主义民族理论的重要贡献。社会主义多民族国家开辟了一种重要路径，即在“世界革命”难以突破民族国家体系桎梏的背景下借助多民族大国这一“工具”，可以将人类的一部分群体“先行”带入更高层级的文明阶段，为民族平等、团结、互助、和谐的理想文明样态提供示范，为更高阶段的全人类的普遍平等与解放探索道路、检验绩效、示范成就、积蓄力量。

冷战结束后，苏联在意识形态、多民族共同体整合实践两个方面的失败，一度造成了一种似是而非的关联，即多民族国家与社会主义制度难以兼容。这成为不少政治理论家否定社会主义多民族国家的历史合法性与治理绩效的重要依据，也成为隐匿于很多人内心深处的一片阴霾。这种外来的否定与内部的疑虑，也是导致一些人质疑中国特色解决民族问题的正确道路乃至质疑中国特色社会主义道路和国家统一的历史合法性的认知来源。然而，从另一个视角来看，苏联的失败更凸显了中国社会主义多民族国家建构的历史意义。历史证明，中国的国家治理方案和多民族共同体建设路径整体上呈现出良好的治理绩效——政党中心体制的成熟与巩固、全方位的民族复兴和赶超跨越、生产力水平与各族人民生活水平的巨大进步、社会主义新型民族关系的深化与中华民族共同体建设的坚实推进，均向世人展示了一种更有潜力，也更有借鉴意义的政治文明模式。与此同时，作为冷战意识形态竞争所谓的“胜利者”，西方却陷入现代性的总体性危机之中，不仅民族问题没有解决好，社会撕裂更甚以往。这种历史的反差，更能体现中国当代政治文明成就的价值。

冷战结束以来，经济全球化与国际分工的深化促使工业化大生产的高度集中，导致美国等先发国家的工业无产阶级深度萎缩，而中国等新兴工业化国家的工业无产阶级高度集聚，产业分化与无产阶级的国别性集中客观上造成了世界资本主义体系中阶级矛盾的国家化，并进一步化约为金融资本主导的发达资本主义国家与主要的新兴工业化国家之间的矛盾。因此，新兴国家进行内部族际问题治理与国家整合，从某种意义上讲就是国际无产阶级动员集结的一种特殊路径和重要形式。有鉴于中国的新兴工业化国家特征、超大国家规模和社会主义的国家性质，中国的共同体建设毫无疑问就成为这种动员集结的代表，这也是中国的共同体建设之于新时代的国际共产主义运动发展演进的重要意义。

可以说，由于中国的“规模大、民族多”的国情，中国的民族事务治理和中华民族共同体建设具有了超越现代民族国家的文明层面的意义。基于历史逻辑和实践逻辑，从马克思主义意识形态发展完善和多民族国家建设两个角度重新回答了社会主义多民族大国的历史合法性的问题，这在一定程度上验证了马克思主义民族理论经典作家的构想，是当代国际共运深入发展的一种重要形式，能够为未来更深层次、更大规模、更高阶段的共同体建设提供全面的经验参考。

四、新时代建设中华民族共同体的三个面向

从历史政治学的研究范式出发审视中华民族共同体建设，需要引入“政党中心主义”的核心结构、国家治理导向和“大一统”理念的历史纵深视角。因此，巩固党的领导、优化国家治理与推进文化建设就构成建设中华民族共同体的主要面向。

（一）巩固党的领导：中华民族共同体建设的核心与发动机

中国共产党是中国工人阶级的先锋队，同时是中国人民和中华

民族的先锋队，前者关系到党的革命性与先进性，后者关系到党的人民性和广泛性。先锋队性质的多重内涵决定了党的政治实践历程和政治使命的多重面向。具体来说，中国共产党领导地位的形成过程，既是以社会革命创建社会主义国家的历史，更是通过人民的凝聚创造现代中国政治的历史。[①]党的政治使命不仅包括阶级解放、国家独立，也包括人民幸福、民族复兴。民族复兴的使命感是全党关于中华民族命运的集体意识，是中国共产党的政治信念在中华民族共同体中凝聚、升华的重要缘由。从历史纵深视角来看，民族复兴也是当代中国的历史坐标，党要推进中华民族共同体建设需要从战略高度把握这个历史方位，以实现中华民族伟大复兴为出发点和落脚点，统筹谋划和推进新时代党的民族工作。作为以民族复兴为历史使命的政党，完善党的领导是再造“大一统”、传承多民族统一国家历史合法性的根本内容。党百年来的民族工作经验归结为一点，就是必须在党的领导下，一切从中国民族问题实际出发，坚定不移走中国特色解决民族问题的正确道路，不断加强改善党对民族工作的领导，从政治上把握好民族工作的政治方向和政策尺度。

在多民族国家建设进程中，“铸牢中华民族共同体意识”是中国共产党非常重要的建树，是新时代党的民族工作走向成熟的标志，也是执政党在国家建构维度上走向成熟的体现。从国家建设理论上讲，“铸牢中华民族共同体意识”的实质就是培塑政治认同[②]，而这个政治认同的核心就是对中国共产党的认同，它是建设中华民

---

① 汪仕凯：《中国共产党领导制度的历史政治学分析》，《中国人民大学学报》2020 年第 1 期，第 28—38 页。

② 严庆：《政治认同视角中铸牢中华民族共同体意识的思考》，《北方民族大学学报》（哲学社会科学版）2020 年第 1 期，第 14—21 页。

族共同体的根本政治保证。以最高政治权威为核心进行多民族政治共同体的整合，是中国历代塑造“大一统”秩序的基本经验。党在多民族国家政治结构中的核心地位，要求在中华民族共同体建设的过程中必须把党的领导贯穿民族工作全过程，形成党统一领导、通盘把握，并通过利益聚合、组织动员、制度建设等手段汇聚各方面强大合力的新时代民族工作格局。

党的领导作为国家治理的核心，最重要的特点是高度的组织化。只有依托发达的组织体系，党才能将各民族凝聚成作为整体政治力量的共同体。在政治路线确定以后，党的干部很大程度上就决定了治理的绩效。具体到民族地区这个场域来说，作为党推进中华民族共同体建设的一线和前沿，民族地区党的干部队伍建设是中华民族共同体建设政治路线和总体方略在组织上的具体体现。这就要求建设一支维护党的集中统一领导态度特别坚决、明辨大是大非立场特别清醒、铸牢中华民族共同体意识行动特别坚定、热爱各族群众感情特别真挚的民族地区干部队伍，确保各级领导权掌握在忠诚干净担当的干部手中。中国共产党不仅是国家治理的核心，还是根植于社会的政治组织，能够有效领导社会、凝聚人民。中国共产党领导国家的政治逻辑，是人民通过党掌握国家权力，又是党领导下的人民当家作主，而不是党以其领导下的国家为中介管理人民和社会。错误的政治逻辑将不可避免地导致党凝聚人民的功能弱化、党的政治基础流失、国家与社会的关系疏离紧张等问题。[①] 因此，在新的历史时期推进中华民族共同体建设，就要通过不断深化党同各

① 汪仕凯：《中国共产党领导制度的历史政治学分析》，《中国人民大学学报》2020 年第 1 期，第 28—38 页。

族群众密切联系的方式，避免党脱离民族地区基层社会的情况。具体来说，一方面要着力把民族地区的基层党组织建设成推进中华民族共同体发展的坚强战斗堡垒；另一方面，要加强服务型政党建设，始终贯彻群众路线，保持并增强超大规模政党在民族地区社会中的广泛动员力与引领力，将党的存在牢固地熔铸于民族地区的政治制度文化中。

（二）优化国家治理：中华民族共同体建设规约与助推的保障

治理关乎政府的道德与合法性。①历史政治学是以“求治”为导向的政治学，是将满足治理需要的知识生产作为重要学科任务的政治学研究范式。在中国，党的领导是党执政的基础，而党执政是党的领导的延伸，党的领导的成效通过党执政的绩效表现出来。②中国的民族事务治理，既是中华民族共同体建设的主要内容，又是当代中国国家治理的重要组成部分。

推进中华民族共同体建设，首先要强调对“大一统”的巩固，为一切治理、改革、发展提供基本的政治保障；还要强调“一体性”因素在民族事务治理中的主导性存在，推进国家对社会自上而下的渗透性纵向整合，推进各区域之间的横向整合，推进政治、经济、文化等领域的有机整合。国家统一是国家最高利益和各族人民根本利益所在，要坚决树立国家认同，维护国家统一和主权、安全、发展利益，教育引导各民族继承和发扬爱国主义传统，防范民族领域重大风险隐患，守住意识形态阵地。各民族一律平等是统一多民族国家的根本立国原则，要保证各民族共同当家作主、共同参

① 杨光斌：《合法性概念的滥用与重述》，《政治学研究》2016 年第 2 期，第 2—19 页。

② 汪仕凯：《中国共产党领导制度的历史政治学分析》，《中国人民大学学报》2020 年第 1 期，第 28—38 页。

与国家事务管理，确保各民族享受、履行平等的权利和义务，坚持各族公民在法律面前人人平等，一切以法律为准绳，不因人而异。

民族区域自治制度是与中华民族共同体建设直接相关联的国家基本政治制度，是党的民族政策的源头活水，党的领导、单一制国家结构是其根本性前提，各民族当家作主是其目标，维护一体、尊重多元是其价值体现。民族区域自治制度之所以能够维护国家统一，其关键不仅在于“多元性”的外在体现，更在于“一体性”的政治内核。具体到当下，民族区域自治制度的完善首先要确保党中央政令畅通，在民族事务治理和民族地区改革发展的进程中完善政党中心的国家治理模式，不断健全和发展党委领导的权力中轴机制、归口管理的全面控制机制、党管干部的管理机制、意识形态斗争的思想统一机制、政治协商的沟通吸纳机制、统一战线的社会整合机制与群众路线的政治动员机制。[①] 与此同时，要确保宪法和法律的遵守执行，坚持在贯彻国家统一政令的前提下依法治理、依法行使自治权。

发展经济、改善民生和推进现代化建设，是落实民族区域自治制度的关键，是中国特色解决民族问题的正确道路的主题。从历史政治学的观点来看，与基于等级政治逻辑、扩张主义发展路径的西方“军事贸易国家”不同，中国作为一个“生产型国家”主要通过内部组织深化的方式提高生产力，并以梯度发展模式对国土资源深入开发，国家权力随着组织深化而扩散渗透，形成政治共同体

① 景跃进、陈明明、肖滨主编《当代中国政府与政治》，中国人民大学出版社，2016，第23—26页。

和文化认同。[①] 全国统一大市场的形成，无疑是“生产型国家”不断生长、“大一统”秩序在经济领域得到巩固的重要条件，为促进各民族共同团结奋斗、共同繁荣发展提供了重要的资源配置机制支撑，使各民族“相互离不开”的有机关联更为密切。但市场导向的发展和改革也产生了难以避免的“强弱分化”和经济权力（资本权力）的膨胀等问题，形成了现代化的“负效应”，不利于最广大人民根本利益的实现。最广大人民的根本利益是包括了各民族的、全体中国人民的全面共同的利益，因此推进中华民族共同体建设，需要把推动“各民族共同团结奋斗、共同繁荣发展、共同建设社会主义现代化国家”作为新时代党的民族工作的重要任务。

在加大对民族地区支持力度的同时，需要协调好发展与分配的关系，强化政府作为社会资源再分配者的能力，推进“生产型国家”内部组织功能的完善，针对特定地区、特殊问题、特别事项制定实施差异化的区域倾斜政策，支持民族地区全面深化改革开放、转变政府职能、提升“造血”能力。在基础设施建设、市场发育与规范运行、产业结构转型升级、城镇化、乡村振兴、边疆建设、公共服务供给、生态保护等领域，要完善民本主义有为政府的经济职能。尤其是要充分借助社会主义国家公有制经济的资源和手段，弥补市场机制的既有不足，支持和引导资本规范健康发展，促进各民族现代化的全面、平衡发展，在发展的过程中完善利益保障机制，确保各民族共享国家现代化成果。

① 姚中秋：《生产型国家与军事贸易国家：中西长时段宏观历史比较》，《学海》2020年第4期，第46—55页。

（三）推进文化建设：合之为国、和之为民的纽带

文化认同是民族团结之根。推进中华民族共同体建设，长远和根本措施是增强文化认同，铸牢中华民族共同体意识。中国特色解决民族问题的正确道路解释了民族与国家、各民族与中华民族之间的关系，从根本上说就是明确了各民族与中华民族在意识和文化上的统属关系。中国虽然完成了多民族共同体的建构，但各民族凝聚为共同体的过程还将长期进行，需要不断培塑共同的文化认同，需要将中华民族共同体作为全体中国人共同的重要情感依托和价值认同基础，用中华民族共同体意识凝聚各族人民，不断深化精神浸润，增强各民族群众对中华民族共同体的心理认同与文化共鸣。

首先，要处理好中华民族共同性与各民族差异性的关系。价值观的多元化并不一定产生价值冲突，而缺乏共识规约与引导，缺少统一的价值选择标准与规范模式，才是价值观念混乱与冲突的根源。[①]这就要求在中华民族共同体建设中要牢固树立“休戚与共、荣辱与共、生死与共、命运与共”的共同体理念，将其内化为人们自觉的行为准则与实践标准；增强对伟大祖国、中华民族、中华文化、中国共产党和中国特色社会主义的认同，把对中国共产党的认同作为凝聚人民、巩固共同体意识的重要思想基础。群际关系和谐的最佳路径不是对次群体认同的单纯削弱，而是在尊重差异性认同的基础上，努力促进次群体认同与更大范围的社会认同形成嵌套关系。[②]因此，在中华民族共同体建设过程中要正确把握共同性和差

① 朱军：《中国经济社会转型中的民族问题与民族事务治理——以国家治理能力为分析视角》，《民族研究》2015 年第 1 期，第 1—12 页。

② HORNSEY M. J. and HOGG M.A.，“Assimilation and diversity：An integrative model of subgroup relations，” *Personality and Social Psychology Review*，No. 2（2000）：143—156.

异性关系，共同性是主导、方向、前提和根本，而丰富的差异性能够展示共同体的包容性和活力，保护差异不以削弱和危害共同性为前提，不能固化强化差异性中落后的、影响民族进步的因素。[①]具体到多元与一体的关系上，要注重以国家层面、政治导向的“一体”凝聚民族层面、文化背景的“多元”。

其次，要正确处理中华民族意识与各民族意识的关系。中华民族意识与各民族意识层面不同、范畴不同，二者可以并存，但不能并列，各民族意识要服从和服务于中华民族共同体意识，各民族的具体利益要在实现好中华民族共同体整体利益的进程中实现。要坚持正确的中华民族历史观，增强各民族对中华民族的认同感和自豪感，要以“历史观”“国家观”“民族观”为主题，引导各民族群众正确看待中华民族多元一体格局和统一多民族国家基本国情，认识和把握发展大势与历史主流，形成对中华民族共同体的统一认同。

再次，构筑中华民族共有精神家园。应抓住“文化认同”这个牛鼻子，深刻认识到作为最深层次认同的文化认同对于巩固国家认同、民族认同、道路认同、政治认同的重要意义；要以社会主义核心价值观为文化认同的核心和构筑各民族共有精神家园的引领，把握好政治方向，形成人心凝聚、团结奋进的精神纽带[②]，引导各族群众在思想观念、精神志趣、生活方式上的现代化，着重做好国家通用语言文字工作、青少年工作、少数民族代表人士工作和信教群众工作；在增强对中华文化认同的基础上繁荣发展各民族文化，在传

---

① 尤权：《做好新时代党的民族工作的科学指引 学习贯彻习近平总书记在中央民族工作会议上的重要讲话精神》，《求是》2021 年第 21 期，第 42—49 页。

② 严庆：《深刻理解党关于加强和改进民族工作的重要思想》，《湖北民族大学学报》（哲学社会科学版）2021 年第 6 期，第 41—48 页。

承发展各民族文化的同时，将各民族文化交流的优秀成果注入中华文化之中。

最后，加强各民族交往交流交融。需要正确认识民族交融的科学内涵，尊重规律、把握方向、有所作为、拿捏分寸，尊重而不强化民族差异、保持而不固化民族特性，逐步实现各民族在空间、文化、经济、社会、心理等方面的全方位相互嵌入，促进各民族在理想、信念、情感、文化上的团结统一。

五、结论与讨论

中国的统一多民族国家政治架构和治理历程前后绵延两千余年而不辍，不仅是匹配、验证既有民族政治理论的理想案例库和试验场，也应当成为民族政治理论生发及知识增长的源头。历史政治学作为新兴的中国本土化的政治学研究路径，为中华民族共同体研究提供了更契合其特质的路径与范式，同时也能够在这一学术主题中建立起自己新的知识增长点，并从中获得更为坚实的历史、实践与理论的支撑。

（一）历史政治学对于中华民族共同体研究的意义

一是有助于对历史合法性的追溯和历史延续性的阐释。在历史政治学的视野里“中国政治”是一个整体性概念，在结构性意义上包括中国的产生、组织与运转三层含义。[①] 无论是从哪一层来看，多民族国家的共同体建设都是十分关键的议程，这涉及中国作为多元一体国家的历史合法性的问题。只有从历史角度才能全面而准确

① 杨光斌：《历史政治学视野下的当代中国政治发展》，《政治学研究》2019 年第 5 期，第 2—14 页。

地认识这一问题。“多元”与“一体”的有机关联有着非常持久、复杂的发展演变过程，深刻影响了当下中国的民族政治样态，是中华民族共同体建设研究绕不过去也不能忽视的内容。

二是有助于阐明中华民族共同体建设与政治核心要素结构的关联。最高政治权威的存在是古今中国政治结构中的“不变”，这是驱动中国产生、组织、运转的动力源泉，也是民族事务治理的主体。通过历史政治学的理路将最高政治权威与中华民族共同体建设关联起来，借助历史政治学在政党研究领域的“他山之石”，有助于把中华民族共同体建设研究推向深入。

三是有助于以历史政治学的知识生产服务中华民族共同体建设实践。历史政治学的研究进路能够将丰富的历史素材更高效地与政治学科相关联，提炼出一般性理论，把史学的富矿转换成政治学的养料。例如，在我国历史上的民族大融合中，与族性因素结合的政治理念、制度、行为在其中发挥着主导性的作用，相关的历史资源如果以政治学的范式加以筛选、转换、整合、提炼，就能更好地满足“古史资今政”的现实需求。

（二）中华民族共同体建设研究对于历史政治学的意义

一是有助于完善国家形态变迁研究。历史政治学在“科层制管理”“民主制辨析”等国家议题中进行了深入探讨，但仅凭“文明国家”等解释框架而不引入对“族”的关注，不足以形成关于中国国家形态演变的完整认识。将中华民族共同体整合融入历史政治学的研究议程中，有助于延展历史政治学的研究议程，丰富其国家研究的层次与维度。

二是为政党中心体制研究增添民族事务治理向度。政党中心体制是历史政治学视域下中国政治的核心特征。中华民族共同体建设是中国共产党凝聚人民、巩固政党中心体制的重要政治举措。以往的历史政治学研究多从社会整体角度或阶级、阶层角度探讨政党中心主义的产生、发展、演变，而共同体建设研究聚焦于民族，能够丰富政党中心主义研究的维度。如果考虑到政党中心主义与中国政治、国际共运以及后发国家政治等议题的匹配性，考虑到多民族国家治理议题的普遍性，那么中华民族共同体建设研究显然具有积极的普遍性意义。

三是为全球的民族事务治理议题提供中国方案。共同体主义可谓是当代世界各国进行族际政治整合的一条重要的新路径。中国的发展进步很大程度上可归因于中国的政治文明成果，其中自然也包括中国的共同体建设成果。就多民族国家整合议题而言，在比较研究意义上中国的正面案例较多数国家更有意义。因此，作为中国政治本土性的一部分和中国政治文明的重要内容，中华民族共同体建设当然能为全球性的多民族国家整合、国家治理议题提供中国智慧和中国方案。

铸牢中华民族共同体意识　服务教育强国和中国式现代化建设①

整体而言，教育具有广泛而深刻的影响，具体体现在促进政治、经济、文化、社会发展和人才培养等方面，因而教育在国家发展、民族振兴进程中被赋予基础性、战略性地位和作用，“建设教育强国是中华民族伟大复兴的基础工程”成为党中央的重大论断和决策。铸牢中华民族共同体意识是增强中华民族凝聚力，推进中华民族共同体建设，增强综合国力的重大举措。

教育通过启德赋能服务于国家强盛

2023年5月29日，习近平总书记在中共中央政治局第五次集体学习时强调，加快建设教育强国，为中华民族伟大复兴提供有力支撑。我们可以从两个维度理解“教育强国”：其一，对一个国家教育水平的强弱评估，即从一个国家教育领域或教育事业发展的维度看，评价一个国家依托教育工作、教育实践，提升一个国家的教

① 本文原发表于《中国民族教育》2023年第Z1期。

育整体水平和综合水平的状况，可以通过专门的教育指标体系在不同国家之间进行评估，例如，“教育指数”（联合国开发计划署发表的人类发展指数的三大成分指标之一）、“全球教育质量排行榜”（《经济学人》信息部编制）等；其二，从教育的功能看，要评价教育通过发挥知识传播、信息生产、人才培养、科技孵化等功能，服务于一个国家经济社会建设发展的效能。

一般而言，教育事业得到发展，教育服务于国家的功能也会提升。“教育兴则国家兴，教育强则国家强”的论断，则突出强调了教育发展要服务于国家建设的要求。我们深化对“建设教育强国”的认识，要深刻理解“战略先导”“重要支撑”“有效途径”“基础工程”的定位。教育服务于国家强盛主要体现在两个方面，即启德与赋能。启德与赋能是立德树人的具体要求，是育人工作的两个基本面向，是“立育人之德”和“树有德之人”的有机结合与辩证统一。[①] 启德就是发挥教育的德育功能，通过教育行动教会受教育者如何做人，如何做有德行的“好人”。赋能就是发挥教育的启智功能，通过教育行动增强受教育者的智慧与能力，让受教育者成为有才华的“能人”。

从不同的层次考量，启德是立德的前期“动作”要求。启德、立德可包括“启”“立”人类之德、国家之德、社会之德、个人之德，基于现代主权国家在世界政治格局中的重要性研断，立国家之德与教育强国建设存在深刻关联。常言道“国无德不兴”，没有向善的价值取向和挺直的道德脊梁，一个国家不可能繁荣而强大，也

---

① 李建华、王果：《立德与树人之间：一种教育伦理学辨析》，《西北师大学报》（社会科学版），2020 年第 3 期，第 15—20 页。

不可能赢得认可与尊重。多民族是我国的基本国情，由此，旨在增强国家凝聚力的铸牢中华民族共同体意识教育便成为立国家之德、社会之德、个人之德的教育内容。

教育赋能是一个复杂的构成与进程，包括积累知识、增长技能、创新创造等要素，也包括要将这些要素不断“淬火”成能力。由于教育担负着增量、增强人力资源的重任，因而是为全面建成社会主义现代化强国提供关键支撑的先导性要素，而且具有长远、重大的战略意义；由于教育具有促进人才培养、科研创新、技术进步的功能，因而能够在激烈的世界竞争中支撑起我国高水平科技的自立自强；由于教育具有启智增慧、蓄力赋能的作用，因而能够成为激活全体人民的创造力，走向共同富裕的有效途径；由于教育以促进人的发展、社会的进步为目的，系立国之本、百年大计，因而是持续推进中国式现代化，全面推进中华民族伟大复兴的基础工程。

从一定意义上讲，教育强国是包括民族教育在内的完整教育体系之强，是包括民族教育助力民族地区经济社会发展的教育服务于强国目标的全域均衡性、充分性建设，是各民族共同富裕的全体性、整体性建设。由于一些发展要素先天不足，教育赋能在民族地区经济社会发展、在民族团结进步事业发展中具有特殊而重要的作用。基于教育赋能的“大数据”“现代农牧业技术”“新能源技术”等，有助于弥补民族地区一些传统发展要素不足的缺憾，甚至可以此为基础找到民族地区高质量发展、绿色发展的新路子。

有研究者指出，大数据导向下的民族地区绿色发展可以将数据导向的绿色农业、生态环境保护、绿色能源产业、绿色旅游业、精准扶贫作为重点发展领域。通过实施构建民族地区大数据开放平台、大数据协同创新、发展绿色重点领域、加大基础设施建设等策略，推动民族地区绿色发展，实现跨越式发展。①

服务于中国式现代化建设的教育作用分析

如果以推进“中国式现代化”为中心任务，从系统性观念出发进一步思考，我们则可以进一步深化对教育强国的认知。党的二十大指出，从现在起，中国共产党的中心任务就是团结带领全国各族人民全面建成社会主义现代化强国、实现第二个百年奋斗目标，以中国式现代化全面推进中华民族伟大复兴。

推进中国式现代化建设是“中心任务”的关键内容。中国式现代化的总目标，是全面建成社会主义现代化强国。现代化建设涉及方方面面，拥有一套评价体系，其核心就是“五位一体”的综合建设发展，而建设发展则需要各方面的保障和支持。

中国式现代化建设需要建设主体的共同团结奋斗。中华民族共同体建设旨在促进“中心任务”的行动主体——中华民族的团结凝聚，具有“五个特征”（规模巨大的现代化，全体人民共同富裕的现代化，物质文明和精神文明相协调的现代化，人与自然和谐共生的现代化，走和平发展道路的现代化）的中国式现代化建设任务重、要求高、兼顾多、理路新，需要全国各民族的齐心合力、凝神聚力。

中国式现代化建设需要精神力量支持。中国式现代化建设需要制度、技术、人力支持，也需要精神力量的激励。进行文化建设，实现文化繁荣，建设文化强国，推进中华民族现代文明建设，一方

① 吴英慧：《大数据导向下的民族地区绿色发展研究》，《生态经济》2019年第4期，第71—76页。

面是现代化建设中的“软实力”建设内容，可以丰富人民的精神世界；另一方面，也能为现代化建设提供文化的支持、文明的力量。中华文化的传承与创新使中华民族保持了坚定的民族自信和强大的修复能力，培育了共同的情感和价值、共同的理想和精神。习近平总书记指出，没有中华文化繁荣兴盛，就没有中华民族伟大复兴。一个民族的复兴需要强大的物质力量，也需要强大的精神力量。没有先进文化的积极引领，没有人民精神世界的极大丰富，没有民族精神力量的不断增强，一个国家、一个民族不可能屹立于世界民族之林。

中国式现代化建设需要教育提供综合保障。整体来看，教育可以直接为中国式现代化建设培养各级各类人才，同时教育还在孵化科技、繁荣文化等方面具有基础性保障作用。在德育方面，铸牢中华民族共同体意识教育能够促进中华民族共同体建设，是落实新时代立德树人任务的重要要求，也是新时代学校思想政治教育工作、德育工作的重要内容之一。共同体理念是对铸牢中华民族共同体意识内涵的诠释，是铸牢中华民族共同体意识的重要内容。在共同体理念教育中不断铸牢中华民族共同体意识，教育引导学生准确把握统一多民族国家的国情与中华民族多元一体格局；让学生认识到中华民族是由共同的疆域、共同的历史、共同的文化和共同的精神凝聚而成的民族实体，是客观共同体。同时，使共同体理念服务于铸牢中华民族共同体意识的教育目标，在“四个与共”的共同体理念教育中不断增进中华民族向心力、凝聚力和一体性、共同性。[①]

① 严庆、崔舒怡：《铸牢中华民族共同体意识教育的内容与维度解析》，《青海民族研究》2022 年第 4 期，第 44—51 页。

铸牢中华民族共同体意识教育旨在提升国家凝聚力

从教育强国和中国式现代化建设的高度、格局把握新时代铸牢中华民族共同体意识教育，则有助于深化对铸牢中华民族共同体意识教育的功能和意义的理解。通过开展有形有感有效的铸牢中华民族共同体意识教育，才能增强国家凝聚力，才能聚集全面建成社会主义现代化强国的合力。

当今世界主权国家之间的竞争主要是综合国力的竞争。综合国力是一个主权国家所拥有的各种要素综合组成的整体实力，包括国土、资源、人口、经济、科技、文教、军事、政治、国民精神、国家凝聚力等。国民精神、国家凝聚力被视为能够产生精神力量的软实力。增强国家凝聚力是实现中华民族伟大复兴的内在要求和必要条件。国家凝聚力与国家经济实力、科技实力一样，不仅是综合国力的重要组成部分，而且是综合国力的灵魂和精神支柱，在综合国力诸要素中起着核心作用。国家凝聚力还是一个国家的民众对所在国家的政治认同和归属。[①] 而铸牢中华民族共同体意识就是更加强调政治归属和政治认同，是国家层面最高的社会归属感、面向世界的文化归属感。政治归属和政治认同居于首位，因而，从这个意义上讲，铸牢中华民族共同体意识教育是提升国家凝聚力的重要举措。

凝聚力或内聚力原为物理学概念，是指同一物质的分子、原子之间的吸引力。例如，雨是以液滴而不是细雾的形式降落的，是因为水具有很强的内聚力，可以将其分子紧密地拉在一起，形成液

① 朱耀先：《论增强国家凝聚力与实现中华民族的伟大复兴》，《中国浦东干部学院学报》2019 年第 5 期，第 43—49 页。

滴。凝聚力后被引申为文化学、伦理学的概念，常指集体或某一社会共同体内部各成员因共同的利益和价值目标结为有机整体的某种聚合力。一旦凝聚力消失，共同体便会趋于解体。铸牢中华民族共同体意识教育就是要通过中华民族组成分子意识的“铸牢”，不断增强中华民族共同体的内在凝聚力、向心力、包容力。

比较而言，凝聚是由团结生发出来的力量。团结既有“联合、结合、聚合”的动词词性，也具有“和睦、友好、和谐”的形容词词性。作为行动与状态，团结是与分裂的行动和状态相对应的，团结表现为人们信念与行动上的一致、统一。民族团结是指不同的民族社会成员在不同的社会接触、交往中，形成的相互依存的良性互动关系，是民族疏远、隔离、排斥的对立面。没有团结就没有凝聚，紧密团结才会实现凝聚，铸牢中华民族共同体意识，需要不断开展民族团结进步教育，不断增强“四个与共”的共同体理念。建设中华民族共同体，需要在不断加强民族团结进步的基础上，不断生发出国家凝聚力和中华民族凝聚力。

引导各族人民牢固树立休戚与共、荣辱与共、生死与共、命运与共的共同体理念是铸牢中华民族共同体意识的内涵。“引导”就是教育，“与共”就是无论发生什么事都不分开的意思。“与”“共”两个字的组合体现了组成共同体的个体、群体之间主动地“在一起”的意愿与积极行动，同样体现了“凝聚”的内涵。“四个与共”就是各民族在情感、荣辱、生死、命运层面上的“在一起”与“不分开”。深刻认知和理解“团结”“与共”与“凝聚”的关系、“凝聚”与“共同体”的关系，则有助于我们从增加国家凝聚力、中华民族凝聚力的视角，从增强综合国力的视角，把握铸牢中华民族共同体意识的功能与作用。

需要注意的是，铸牢中华民族共同体意识教育既包括“告知式”的引导教育，还包括“生成式”的体验教育。“告知式”教育多依靠教育教学途径来实现，“生成式”教育多依靠实践活动来实现。在具体实践中，“告知式”教育与“生成式”教育又往往结合在一起。有关部门实施、推广的各族青少年交往交流交融行动计划，就是“生成式”教育的载体与实践。“生成式”教育以主体互动、感知体验等环节为基础，容易形成教育目标、内容的内化、深化。

从教育强国、服务于中国式现代化建设、提升国家凝聚力的角度定位铸牢中华民族共同体意识，能够让我们更加清晰地认识到铸牢中华民族共同体意识是全域、全员、全体的任务，是每个人的责任与义务；也能够让我们更好地领悟“中华民族共同体意识是国家统一之基、民族团结之本、精神力量之魂”，铸牢中华民族共同体意识是维系中华民族团结统一的强大精神纽带和推动中华民族发展进步的强大精神动力；还能够让我们更好地懂得为什么“要赋予所有改革发展以彰显中华民族共同体意识的意义，以维护统一、反对分裂的意义，以改善民生、凝聚人心的意义，让中华民族共同体牢不可破”。《深化新时代学校民族团结进步教育指导纲要》《关于进一步提升青少年民族团结进步教育工作实效的若干措施》《关于加强学校铸牢中华民族共同体意识教育的指导意见》等文件则为我们开展铸牢中华民族共同体意识教育提供了基本遵循。

国家通用语言在铸牢中华民族共同体意识中的功能分析

——以普通话宣传周主题为例[①]

国家通用语言是传承、传播中华文化，传递共同历史记忆的纽带，更是促进各民族交往交流交融的媒介，凝聚人心的桥梁。国家通用语言在多民族国家建设中具有重要意义，新中国成立以来党和国家便高度重视语言文字工作。1955 年全国文字改革会议提出“简化汉字”“推广普通话”“制定和推行汉语拼音方案”三大任务。1986 年全国语言文字会议提出语言文字规范化、标准化、信息化建设。2000 年《中华人民共和国国家通用语言文字法》出台，自此语言文字工作走上法制化轨道。党的十八大以来，习近平总书记强调要“推广国家通用语言文字”“全面加强国家通用语言文字教育”

① 本文系国家社会科学基金重大项目“中华民族历史观研究”（项目编号：22 & ZD210）、国家民委铸牢中华民族共同体意识专项课题“构建人类命运共同体和创造人类文明新形态视野下的中华民族共同体建设意义和价值研究”（项目编号：2022-GNG-019）的阶段性成果。本文原发表于《西北师大学报》（社会科学版）2024 年第 2 期。第二作者谭野为中央民族大学民族学与社会学学院民族政治学专业博士研究生。

等。从铸牢中华民族共同体意识的维度看，重视推广国家通用语言文字工作不仅是为了语言文字使用的标准化、规范化，更是为了促进不同民族、地区之间的交往交流交融，增强中华民族认同感。

一、国家通用语言是中华民族的共同语言

从先秦的雅言到汉代的通语，从唐音到明清官话，中央政权都努力实现治辖疆域内的语言交流畅通，“语同音”是千年历史问题，并不仅是近现代的突发之想。[①] 我国的国家通用语言（普通话）是中华民族的共同语言，是各民族交往交流交融的沟通媒介，也是文化、思想、价值观念等的传导载体。1966 年，周恩来总理向阿尔及利亚驻华大使介绍中国的语言文字改革时指出，“提倡普通话，这很重要，收效最大，对国家统一和团结有好处”。[②]2022 年全国语言文字工作会议强调，“全力抓好国家通用语言文字推广普及，服务铸牢中华民族共同体意识”，突出了其在铸牢中华民族共同体意识方面的功能。纵观中华民族共同体的形成和发展，国家通用语言的作用不容忽视，其在增强民族团结和文化认同方面的意义尤为显著。

（一）交往交流交融的媒介

语言产生于交往的需要，其最基本的功能就是沟通交流。我国是一个多民族、多语言、多文种的国家，有 56 个民族 73 种语言，30 个有文字的民族共有 55 种现行文字，其中正在使用的有 26

---

① 汤洪、张以品：《从“书同文”到“语同音”：语言文字规范统一与文化认同》，《社会科学研究》2022 年第 6 期，第 190—199 页。

② 中共中央文献研究室编《周恩来年谱（1949—1976）》，中央文献出版社，2007，第 18 页。

种。[①] 进入 21 世纪，伴随着经济发展和城镇化水平的提高，我国的流动人口迅猛增长，2020 年流动人口达 37 582 万人，占全国人口的 26.6%，与 2010 年相比流动人口增加 15 439 万人，增长 69.7%。[②] 各民族群众更加广泛深入地交往交流交融成为我国经济社会发展的一个重要特征，在这样的背景下，推广普及国家通用语言有助于不同民族和地域群体之间的沟通。

“语言相通是人与人相通的重要环节”[③]，中华文化的包容性、交融性特点也体现在语言中。中华民族多元一体格局演进的历史，是以共同语言为纽带的各民族交往交流交融的历史。从解决“五方之民，言语不通”的雅言到通语、国语，再到今天的普通话，通用语言的使用、推广一脉相承，其担当的“桥梁”功能一直凸显。比较而言，少数民族聚居区和方言区的语言单一，分众性较强。当不同民族、不同地区的人们打破原有空间，为了寻求新的发展资源聚集在新的地域，国家通用语言便成为人们适应新的环境、获得更好发展机会的沟通工具，减少了交流障碍。作为一种社会文化资源，国家通用语言可以打破文化区隔，突破地域和民族界限，在流入人口之间、在流入人口与本地人口之间形成新的更大的团结网络；作为一种人力资本，国家通用语言能帮助流动人口争取社会资源，促进其追加自身社会价值。正如习近平总书记所说：“少数民族学好

① 王晨：《进一步贯彻实施国家通用语言文字法 铸牢中华民族共同体意识》，《人民日报》2020 年 11 月 11 日，第 6 版。

②《人口规模持续扩大 就业形势保持稳定——党的十八大以来经济社会发展成就系列报告之十八》，https://www.stats.gov.cn/sj/sjjd/202302/t20230202_1896695.html，访问日期：2023 年 4 月 10 日。

③ 张世平、洒强：《新时代语言文字事业的指路航标》，《光明日报》2020 年 8 月 22 日，第 12 版。

国家通用语言，对就业、接受现代科学文化知识、融入社会都有利。”[①] 人们普遍使用国家通用语言，加速了各民族交往交流交融的进程。

（二）国家认同的塑造要素

语言是人们认知自然、社会的重要思维工具，是人们组织社会化生产、生活的重要沟通媒介，更是人类文化创造与传习的重要方式、文明积淀和表达的重要形式。[②] 语言具有标记性、符号性，和身份之间存在辩证关系，语言和语言的使用体现了“我们是谁”，我们部分地通过语言和语言行为来定义现实。[③] 我们通过选择语言向他人展示自己，语言选择和语言本身都是身份构建（Identity Construction）（个人和集体）的一部分。[④] 语言与个人思维紧密互动，共同语言创造彼此团结。普通话作为中华各族儿女的共同语言，与国家认同存在互构的动态关系。当不同民族、不同地区的人们用同一种语言传递信息、交流文化、表达情感时，大家会感受到强烈的情感共鸣，超越原有群体认同或区域认同，从而会强化共有的国家认同。

国家认同以文化认同为基础，而以文化认同为前提的自我身份认知和界定因素中最突出的就是语言。语言系统是一座智慧博物

---

① 国家民族事务委员会编《中央民族工作会议精神学习辅导读本》，民族出版社，2015，第 268 页。

② 黄龙光、杨晖：《语言助力乡村振兴的内在逻辑与实践路径》，《语言战略研究》2023 年第 5 期，第 21—31 页。

③ Triandafyllidou A. and Wodak R.，“Conceptual and methodological questions in the study of collective identities：An introduction，” *Journal of Language and Politics* 2，No. 2（2003）：205—223.

④ Grad H. and Martin-Rojo L.，“Identities in discourse，” *Analysing identities in discourse* 28，（2008）：3—28.

馆，呈现着悠久的历史，充满了社会的记忆，收藏了丰厚的知识[①]，许多国家的通用语言文字已被公认为是国民身份的重要文化符号[②]。中华民族共同的历史记忆、传统文化、伦理道德、仪式艺术等通过共同语言得以传递、普及、传承。概而言之，国家通用语言是中华文明的结晶、中华文化的符号，是中华民族共有精神家园的纽带，是中华民族共同体的重要标识。学习和使用国家通用语言，可以更好地激发我们的国家认同感和中华民族归属感。

（三）国民身份的重要标识

语言是了解一个国家最好的钥匙。国家通用语言不仅是一种交流工具，更是文化传承的载体、国家身份的重要标识。国家通用语言的国际传播力、影响力还是国家软实力、国民身份的间接体现。我国的国家通用语言是国际组织和会议的工作语言之一，截至 2021 年底，联合国教科文组织、联合国粮食及农业组织、世界旅游组织等 10 个联合国下属专门机构将中文作为官方语言，180 多个国家和地区开展中文教育，76 个国家将中文纳入国民教育体系，外国正在学习中文的人数超 2 500 万，累计学习和使用中文的人数近 2 亿。[③]中华民族的共同语言在国际社会上被广泛使用，增进了国际社会对中国文化的了解和尊重，使国家领导人在国际舞台上能更加自信、清晰地表达我国的政策、理念和态度。

顺应经济全球化、世界多极化的发展趋势，我国逐步成为国际

① 纳日碧力戈：《多民族语言生态：互联网的中华民族共同体》，《湖北民族大学学报》（哲学社会科学版）2021 年第 6 期，第 10—17 页。

② 党宝宝、高承海：《民族地区国家通用语言文字推广普及的整合路径》，《西南民族大学学报》（人文社会科学版）2023 年第 9 期，第 196—205 页。

③ 孙亚慧：《“语”“文”教育：助力构筑中华民族共有精神家园》，《人民日报》（海外版）2022 年 8 月 8 日，第 9 版。

社会的重要参与者，在全球的影响不断扩大，世界对中国的关注也达到前所未有的高度。使用普通话的中华民族的人口规模，是使用世界其他语言的群体无可比拟的，这也使中华民族成为推动世界发展进步、推动人类迈向文明共同体的重要力量。我们在推广普及国家通用语言文字，提升国民语言能力的同时，还应注重对国家语言能力的提升。

国家通用语言文字是中华民族共同创造发展的产物，也是几千年来中华各民族共有的文化要素，还是中华人民共和国国家主权的象征标志和塑造国家认同的重要载体。[①] 普通话作为我国的国家通用语言被写入了宪法，推广普及普通话已经成为一项基本国策，这是我国各民族共同走向现代化的客观要求，更是铸牢中华民族共同体意识的题中之义。国家重视推广普通话的重要措施之一就是设立全国推广普通话宣传周（以下简称“推普周”）。推普周作为全国性活动旨在通过多种形式，向全社会广泛宣传大力推广普通话，进一步提升广大干部群众的语言规范意识和推普参与意识，在全社会形成说普通话的风气，推动普通话推广工作向纵深发展。

二、历届推普周的主题分类及导向

推普周的设立从 1998 年开始到 2023 年已有 26 届，每届选定不同的主题，这些意涵深刻、导向鲜明的主题，在扩大普通话的社会影响，促使公民树立语言规范意识、法治意识、推广普通话参与意识，转变落后语言观念等方面发挥了重要作用。了解历届推普周

① 常安：《论国家通用语言文字在民族地区的推广和普及——从权利保障到国家建设》，《西南民族大学学报》（人文社会科学版）2021 年第 1 期，第 1—10 页。

的主题（见表 1），探究不同主题的导向，有助于全社会理解国家的语言战略，增进民众对普通话及其推广工作的认知，发挥推广普通话铸牢中华民族共同体意识的功能。

表 1　历届推普周的主题一览

届数	时间	主题
第 1 届	1998 年 9 月 13 日至 19 日	推广普通话，促进语言文字规范化
第 2 届	1999 年 9 月 12 日至 18 日	推广普通话，迎接新世纪
第 3 届	2000 年 9 月 10 日至 16 日	推广普通话，迈向新世纪
第 4 届	2001 年 9 月 9 日至 15 日	宣传贯彻《国家通用语言文字法》，大力推广普通话，促进语言文字规范化
第 5 届	2002 年 9 月 15 日至 21 日	宣传贯彻国家通用语言文字法，大力推广普通话，促进语言文字规范化，迎接党的十六大召开
第 6 届	2003 年 9 月 14 日至 20 日	大力推广普通话，齐心协力奔小康
第 7 届	2004 年 9 月 12 日至 18 日	普通话——情感的纽带，沟通的桥梁
第 8 届	2005 年 9 月 11 日至 17 日	实现顺畅交流，构建和谐社会
第 9 届	2006 年 9 月 10 日至 16 日	普通话——50 年推广，新世纪普及
第 10 届	2007 年 9 月 9 日至 15 日	构建和谐语言生活，弘扬中华优秀文化
第 11 届	2008 年 9 月 14 日至 20 日	构建和谐语言生活，营造共有精神家园
第 12 届	2009 年 9 月 13 日至 19 日	热爱祖国语言文字，构建和谐语言生活
第 13 届	2010 年 9 月 12 日至 18 日	规范使用国家通用语言文字，弘扬中华优秀文化传统
第 14 届	2011 年 9 月 11 日至 17 日	提升国家通用语言文字应用能力，弘扬中华优秀文化传统

续表

届数	时间	主题
第 15 届	2012 年 9 月 14 日至 20 日	大力推广和规范使用国家通用语言文字
第 16 届	2013 年 9 月 11 日至 17 日	推广普通话，共筑中国梦
第 17 届	2014 年 9 月 15 日至 21 日	说好普通话，圆梦你我他
第 18 届	2015 年 9 月 14 日至 20 日	依法推广普通话，提升国家软实力
第 19 届	2016 年 9 月 8 日至 14 日	大力推行和规范使用国家通用语言文字，助力全面建成小康社会
第 20 届	2017 年 9 月 11 日至 17 日	大力推广和规范使用国家通用语言文字，自觉传承弘扬中华优秀传统文化
第 21 届	2018 年 9 月 10 日至 16 日	说好普通话，迈向新时代
第 22 届	2019 年 9 月 16 日至 22 日	普通话诵七十华诞，规范字书爱国情怀
第 23 届	2020 年 9 月 14 日至 20 日	同讲普通话，携手进小康
第 24 届	2021 年 9 月 12 日至 18 日	普通话诵百年伟业，规范字写时代新篇
第 25 届	2022 年 9 月 12 日至 18 日	推广普通话，喜迎二十大
第 26 届	2023 年 9 月 11 日至 17 日	推广普通话，奋进新征程

注：本表推普周主题来自教育部官方网站。

根据主题设置时的社会背景及其导向，我们可以对既有的 26 届推普周的主题进行简要分类。同时，需要注意的是，每届主题的导向都具有一定的复合性，根据主题和主要导向进行类别化分析，并不意味着某一主题只表达某一种意涵。

基于此，可以将既有主题分为三类：

其一，促进共同语言文字规范化，构建和谐语言生活。

和谐语言生活是不同民族、不同区域的人们建立的交流顺畅、表意清楚的整体性语言生活。没有表达的规范，就难以保障交流顺畅、表意清楚。

2000 年，为推动国家通用语言文字的规范化、标准化，确保国家通用语言文字在社会生活中更好地发挥作用，促进各民族各地区的经济文化交流，国家根据宪法的相关规定，制定了《中华人民共和国国家通用语言文字法》，从而确立了普通话和规范汉字作为国家通用语言文字的法律地位。回顾 26 届推普周的主题，可以得出“促进语言文字规范化”是一个重要导向。如：“推广普通话，促进语言文字规范化”是第 1、4、5、13、15、18、19、20、22、24 届的主题，尽管表述不完全相同，但“语言文字规范化”是主旨。其中，如 2010 年（第 13 届）恰逢《中华人民共和国国家通用语言文字法》发布 10 周年，推普周主题为“规范使用国家通用语言文字，弘扬中华优秀文化传统”；2015 年（第 18 届）是《中华人民共和国国家通用语言文字法》发布实施 15 周年，推普周主题为“依法推广普通话，提升国家软实力”。这两届的主题除了凸显“规范化”之外，还引申出“语言文字规范化”在弘扬中华优秀文化传统、提升国家软实力方面的功能和作用。

《中华人民共和国国家通用语言文字法》的制定无疑最能保障“语言文字规范化”，法治理路不但能够持久地推进国家通用语言文字规范化，而且能够更清晰地呈现具体要求。语言文字规范化除了体现在推进国家通用语言文字工作上，还体现在尊重和保障少数民族语言文字学习和使用方面。习近平总书记在 2021 年中央民族工作会议上强调，“要推广普及国家通用语言文字，科学保护各民族语言文字，尊重和保障少数民族语言文字学习和使用”[1]，这样的“规范性”表达表明国家通用语言文字和各民族语言文字是相辅相成、共存共生的关系，明确了推广普通话是出于维护国家统一、民族团结和各民族群众利益的选择，同时指出尊重保护少数民族语言，构建和谐健康的语言生活是当前语言文字工作的应有之义。

其二，传承中华民族优秀传统文化，增进文化认同。

语言文字是文化的有机组成部分，是文化的负载、建构、阐释和传播要素。传承中华民族优秀传统文化是推普周的主旨之一，在第 10、13、14、20 届的主题中均有体现。如：第 10 届的主题为“构建和谐语言生活，弘扬中华优秀文化”、第 14 届的主题为“提升国家通用语言文字应用能力，弘扬中华优秀文化传统”、第 20 届的主题为“大力推广和规范使用国家通用语言文字，自觉传承弘扬中华优秀传统文化”。中华优秀传统文化是中华民族共有精神家园的重要文化滋养。

2017 年 1 月，中共中央办公厅、国务院印发了《关于实施中华优秀传统文化传承发展工程的意见》（后文简称《意见》），提出要“大力推广和规范使用国家通用语言文字”“实施中华经典诵读工程”，要充分发挥语言文字在传承弘扬中华优秀传统文化中的重要作用，不断增强自觉规范使用国家通用语言文字的意识，不断增强自觉传承中华优秀传统文化的意识，树立高度的文化自觉和文化自信。2017 年（第 20 届）推普周的主题突出强调“大力推广和规范使用国家通用语言文字，自觉传承弘扬中华优秀传统文化”，回

---

①《以铸牢中华民族共同体意识为主线 推动新时代党的民族工作高质量发展》，《人民日报》2021 年 8 月 29 日，第 1 版。

应了年初《意见》的要求，同时再次表达了我国政府对于国家通用语言文字传承弘扬中华民族优秀传统文化功能的重视。

语言文字作为人类社会最重要、最基本的交际工具和信息载体，是文化的基础要素和鲜明标志，中华民族的共同语言本身是中华优秀文化的集中表达。文化传承和文化认同相辅相成，传承中华民族传统文化能促进各民族更好地理解自己的文化身份、文化历史，从而产生跨越时空的共鸣。可以说，推普周主题的一个重要的导向就是传承中华民族优秀传统文化，增强中华文化认同，铸牢中华民族共同体意识。

其三，聚焦国家发展战略，服务经济社会发展大局。

从一定意义上讲，国家通用语言文字是一种资源，一种工具，它能降低社会成员获得发展机会与资源的成本。例如，新疆维吾尔自治区乌什县前进镇国家通用语言小学校长库尔班·尼亚孜说："我去内地做生意，比如温州的鞋便宜、安徽的药便宜，我就进货到新疆卖。我会国家通用语言，出去沟通也没问题，在内地和很多人一天就能打成一片。"[①] 从这样的角度看，推广普通话在服务人们就业创业、服务经济社会、营造和维护和谐等方面发挥着重要作用：

一是，促进交流和团结，共享和谐社会。如 2004 年（第 7 届）推普周要求人们充分认识推广普通话在消除语言隔阂、增进人际沟通、促进社会交往、维护国家统一方面的重要作用，将主题确定为"普通话——情感的纽带，沟通的桥梁"；2007 年（第 10 届）推普周要求"以科学发展观为指导，以营造与和谐社会相适应的和谐语言生活为目标，全面、深入宣传国家语言文字法规政策，积极引导

① 环球时报编《关于新疆的谣言与真相》（英文版），五洲传播出版社，2020，第 24 页。

人民群众树立科学的语言观”。这样的主题突出了普通话作为跨地域、跨民族交流媒介的作用，倡导通过语言交流感悟语言承载的文化，倡导各民族共建共享共赢的价值观念，让各民族成员在交往交流交融中彼此尊重、相互团结，共享和谐社会。

二是，助力脱贫攻坚，共享小康成果。我国大多边疆地区、偏远地区、民族地区普遍存在语言能力较弱的问题，为此国家实施了推广普通话助力脱贫（简称“推普脱贫”）的扶贫政策，旨在通过提高相关群体的普通话水平赋能其获取市场信息、实现经济发展等。2003 年（第 6 届）推普周的主题为“大力推广普通话，齐心协力奔小康”、2016 年（第 19 届）推普周的主题为“大力推行和规范使用国家通用语言文字，助力全面建成小康社会”、2020 年（第 23 届）推普周的主题为“同讲普通话，携手进小康”，这些主题均凸显了推广普通话在扶贫、致富方面的作用。教育部、国务院扶贫办、国家语委联合出台的《推普脱贫攻坚行动计划（2018—2020 年)》提出，要“充分发挥普通话在提高劳动力基本素质、促进职业技能提升、增强就业能力等方面的重要作用”。可以说，语言扶贫是一种内生性的扶贫，提高语言能力不仅可以改善贫困人口的沟通能力，更重要的是可以增强相关群体致富的能力和潜力。普通话的推广普及内含促进信息传递、实现教育普及、提升个人自我价值、增加就业机会的机遇。

三是，促进经济社会发展，共享新时代文明。历史表明，缺乏通用语言往往会阻碍一个国家的发展，语言的统一、通用是经济社会发展的必要条件。推广普通话工作与国家现代化建设紧密相连，语言相通是促进各民族共同走向社会主义现代化的需要，具备足够的国家通用语言能力也是人们发展、社会发展的需要。推普周主题中，1999 年（第 2 届）的“推广普通话，迎接新世纪”、2000 年（第 3 届）的“推广普通话，迈向新世纪”、2013 年（第 16 届）的“推广普通话，共筑中国梦”、2014 年（第 17 届）的“说好普通话，圆梦你我他”、2018 年（第 21 届）的“说好普通话，迈向新时代”、2021 年（第 24 届）的“普通话诵百年伟业，规范字写时代新篇”、2023 年（第 26 届）的“推广普通话，奋进新征程”均体现了一个共识：国家通用语言不仅能促进经济发展，更是促进各民族共同走向现代化、共享新时代发展成果的基础。国家通用语言的推广普及，是团结各方力量、推进中国式现代化建设的重要着力点。

此外，一些推普周的主题聚焦于宣传当年的国家重大时事。如 2000 年是世纪之交的一年，推普周（第 3 届）的主题是“推广普通话，迈向新世纪”；2013 年，为了落实党的十八大报告关于“推广和规范使用国家通用语言文字”的要求，积极响应习近平总书记提出的构筑中华民族伟大复兴中国梦的宏伟目标，推普周（第 16 届）的主题是“推广普通话，共筑中国梦”；2016 年是“十三五”的开局之年，当年推普周（第 19 届）的主题是“大力推行和规范使用国家通用语言文字，助力全面建成小康社会”；2020 年是全面建成小康社会的决胜之年，是脱贫攻坚的决战之年，推普周（第 23 届）的主题是“同讲普通话，携手进小康”；2021 年是中国共产党成立 100 周年，也是“十四五”开局之年，当年推普周（第 24 届）的主题为“普通话诵百年伟业，规范字写时代新篇”；2022 年是进入全面建设社会主义现代化国家、向第二个百年奋斗目标进军新征程的重要一年，推普周（第 25 届）的主题是“推广普通话，喜迎二十大”。这表明，党和国家希望依托国家通用语言的普及推广，让全社会、全体人民知晓国家大事。

2021 年，国务院办公厅发布《关于全面加强新时代语言文字工作的意见》，其指导思想是“坚持以人民为中心的发展思想，以推广普及和规范使用国家通用语言文字为重点，加强语言文字法治建设，推进语言文字规范化、标准化、信息化建设，科学保护各民族语言文字，构建和谐健康语言生活，传承弘扬中华优秀语言文化，提升国家文化软实力，为铸牢中华民族共同体意识、建设社会主义现代化强国贡献力量”。这样的表述再次明确了国家通用语言对于铸牢中华民族共同体意识的重要功能，也反映出历届推普周主题和这些功能的高度契合。

三、推普周主题与铸牢中华民族共同体意识

语言文字事业具有基础性、全局性、社会性、全民性的特点，事关国民素质的提高和人的全面发展，事关文化传承和经济社会发展，事关国家统一和民族团结，是国家综合实力的重要支撑，在党和国家的工作大局中具有重要的地位和作用。已举办的 26 届推普周主题涉及语言文字规范、语言生活和谐、优秀传统文化传承等，强调了普通话在培养国家认同、增进各民族交往交流交融、推动经济社会进步等方面的功能。这些主题与国家发展战略密切相关，从推普周的主题和国家通用语言的功能可以看出：推广国家通用语言与铸牢中华民族共同体意识密切相关。

（一）主题化宣传能够提升公众的共同语言认知

推普周的主题化集中宣传，与民族团结进步、兴边富民、生态文明建设等紧密结合，这样的宣传构建了全社会普遍性的语言认知框架，提升了公众对共同语言的认知，公众对普通话作为共同语言的重要性、必要性的认识进一步增强。推普周是一项重要的国家层

面的普通话推广普及实践，其鲜明的主题性，为推普周活动提供了一个清晰的框架，政府、企业、社会组织和普通民众角色明确，责任清晰，增进了活动的有序性。政府及相关部门作为宣传主体，通过有序协作形成了有效的宣传网络，体现了国家对语言文字工作的重视。首届推普周要求宣传部门和广播影视部门把宣传周列入计划；教育部门主要在校内组织并在节假日参与各种形式的宣传教育活动；广播影视部门除做好宣传报道外，还要播出各种推广普通话专题节目。此外，交通运输部、民用航空局、铁路总公司在全国交通枢纽加大推普宣传。各地党委和政府也高度重视此项工作，开展推普周主题宣传和相关活动，自觉将语言文字工作融入经济社会建设、精神文明建设等工作中，发挥语言文字的浸润、助力作用，突出重点工作，服务国家需求。[①] 从第 1 届到第 6 届，主办推普周活动的部委增加到 8 家，活动从最初在省会、各大城市，逐步向中小城市铺开，并逐步向乡镇和农村延伸。近 20 年来，国家推广普通话的工作中心不断向推普基础薄弱的地区倾斜，推普工作不断向农村和民族地区攻坚。[②]

基层群众是重点宣传对象。主题明确、重点突出的集中宣传教育活动，提升了社会大众对于国家通用语言文字及其价值的认识。2016 年第 19 届推普周期间，围绕“大力推行和规范使用国家通用语言文字，助力全面建成小康社会”的主题，组织者发放、张贴宣传画 190 余万张，举办广场宣传活动 3 700 余场，举办培训活动和

① 国家语言文字工作委员会组编《中国语言文字事业发展报告（2021）》，商务印书馆，2021，第 41 页。

② 国家语言文字工作委员会组编《中国语言文字事业发展报告（2017）》，商务印书馆，2017，第 11 页。

书法展览活动各 5 000 余次，举办朗诵等文艺演出 1.1 万余次，电视台播出公益广告 1.7 万条次，在全社会营造了浓厚的推普宣传氛围。[①]2020 年推普周期间，各地围绕“同讲普通话，携手进小康”的主题发放、张贴宣传海报、宣传标语 400 万张，广播电视台播出相关新闻报道 2 万条，举办广场宣传、“送经典下基层”等活动 6 万场，直接参与群众上千万。还分别在新疆、西藏举行开幕式、闭幕式，示范引领全国特别是民族地区、边疆地区和贫困地区做好推普工作。[②]

推广普及国家通用语言是在悠久历史进程中形成的国家语言政策，是“书同文”“语同音”的当代体现，是促进社会沟通无障碍的基础工程，对促进中华民族的紧密团结、促进各民族各地区人民生活的进步及社会各领域事业的发展等，皆有不可替代的重大意义。[③]

（二）主题式文化节庆活动推动形成社会共识

1982 年《中华人民共和国宪法》规定“国家推广全国通用的普通话”，经国务院第 134 次总理办公会议批准，自 1998 年起每年 9 月份第三周在全国开展“推广普通话宣传周”，体现了国家对于构建稳定的“语言共同体”的重视，意味着长期坚持推普工作。在各地语言文字工作者的积极努力下，主题鲜明的推普周逐渐成了一种“文化节庆”，持续强化着普通话作为文化载体的功能。

---

① 国家语言文字工作委员会组编《中国语言文字事业发展报告（2017）》，商务印书馆，2017，第 12 页。

② 国家语言文字工作委员会组编《中国语言文字事业发展报告（2021）》，商务印书馆，2021，第 40 页。

③ 李宇明：《论普通话的推广方略》，《中国语文》2022 年第 4 期，第 486—494 页。

主题式的文化活动是人们形成社会共识的催化剂，推普周作为一种持续性的文化实践，不间断地传承和弘扬中华优秀文化、社会主义核心价值观，反映社会发展和文化变迁，不断强化中华民族的共有记忆和共同目标。多年来，这一文化活动生机盎然，影响越来越大，每年一度的推普周成为各族儿女共同的“年度期待”，而提纲挈领的推普主题则成了重要的文化符号，形成了“品牌效应”，在扩大活动影响的同时构建起跨越代际的稳定记忆。推普周活动成为一种文化现象，不仅有助于普通话的普及推广，更潜移默化地促进人们在活动中形成凝聚力和认同感，进而铸牢中华民族共同体意识。

（三）主题活动激发公众共有感参与

随着主题活动的持续举办，推普周成为语言文字工作者的年度盛会、各族人民展示共同语言的舞台、社会公益活动与商业活动聚集的空间。社会企业、广播电视机构、出版行业等积极参与，为大型推普活动提供资金和技术支持，还积极参与推普宣传品的设计、公益广告的制作，这种跨行业的合作展示了社会各界对普通话推广工作的重视和共有感参与。每年推普周围绕主题开展征文、朗诵、情景剧表演等活动，在偏远地区和民族地区，推普的宣传力度不断增强，不断创新活动形式适应当地的社会和文化特点，增强了推广普通话活动的吸引力。例如，西藏自治区形成了“坚持把推广普及国家通用语言文字工作同西藏经济社会发展大局紧密结合、坚持全社会广泛参与同激发群众内生动力相结合、坚持城乡协同推进和重点聚焦基层农牧区相结合、坚持学校教育与社会推普相结合”的工作经验。[①] 可见，推普工作的形势越来越好、知晓度越来越高，越来越多的地区和行业参与进来，人们的观念逐步从“要我学”向“我要学”转变。

实践证明，开展以推普周为中心的经常性宣传教育，对于顺利开展推普工作具有特殊作用。[②] 推普周的主题概括了年度推普工作的重点和意义，借助广泛的宣传教育，通过集中宣传和常态化活动开展，提高了人们对推广普通话的认识。国家和各级政府部门的政策支持让推普周活动具有更高定位，保障了活动开展的持续性，发挥出综合功能。总体而言，推普周活动的成功很大程度上在于它的主题性，这些主题赋予后续相关活动以明确的方向和目标，引领铸牢中华民族共同体意识。

四、结论

推广普通话工作是铸牢中华民族共同体意识的基础性工作，涵盖全体国民、影响整个社会、要求全面深入持久。中华民族共同体作为国家层面的民族实体，其完整意义上的建构自然也离不开通用语言的推广。[③] 国家通用语言的推广普及事关政令传达、文化传承、教育昌明，有效推广、普及普通话才能为各民族交往交流交融、互学互鉴互助创造基本条件，对于铸牢中华民族共同体意识具有深远意义。党的十八大以来，我国的语言文字事业取得跨越式发展，全

① 国家语言文字工作委员会组编《中国语言文字事业发展报告（2021）》，商务印书馆，2021，第 132 页。

② 于根元主编《新时期推广普通话方略研究》，中国经济出版社，2005，第 115 页。

③ 杨显东、李乐：《以“推普”铸牢中华民族共同体意识：价值维度与实践路径》，《民族教育研究》2021 年第 2 期，第 50—56 页。

国普通话普及率从70%提高到80.72%，识字人口使用规范汉字比例超过95%，文盲率下降至2.67%。[①] 普通话作为中华民族的共同语言，成为加强全国人民认同感和归属感的重要媒介，在维护国家统一和民族团结方面发挥着不可替代的作用。推普周活动是一项重要的全国性普通话推广普及实践活动，国家通用语言对于铸牢中华民族共同体意识的功能通过推普周的主题集中反映出来，借助主题化的集中宣传、主题式的文化节庆、主题感突出的活动，促进各民族共同参与，进而铸牢中华民族共同体意识。

①《全国普通话普及率达80.72%》，《人民日报》2022年7月5日，第7版。